Être mère autrement

Sous la direction de
MAUDY PIOT

Être mère autrement

Handicap et maternité

Rencontre du 17 mars 2007 et autres contributions

Avec Albert JACQUARD, généticien

L'HARMATTAN

5-7, rue de l'École-Polytechnique, 75005 Paris
http://www.librairieharmattan.com
harmattan1@wanadoo.fr
diffusion.harmattan@wanadoo.fr

ISBN : 978-2-296-04327-5
EAN : 9782296043275

Sous la direction de
Maudy Piot

Être mère autrement

Handicap et maternité

Rencontre du 17 mars 2007 et autres contributions

Avec Albert Jacquard, généticien

L'HARMATTAN

5-7, rue de l'École-Polytechnique, 75005 Paris
http://www.librairieharmattan.com
harmattan1@wanadoo.fr
diffusion.harmattan@wanadoo.fr

ISBN : 978-2-296-04327-5
EAN : 9782296043275

En hommage à Lucie AUBRAC, décédée le 14 mars 2007. Elle était membre d'honneur de l'association FDFA et marraine du forum de 2003 : « Femmes handicapées citoyennes ».

Introduction

Maudy Piot[1]

Pourquoi notre association « Femmes pour le dire, Femmes pour agir » a-t-elle voulu organiser une rencontre autour de ce thème ? Thème difficile, brûlant. Le vent qui attise les braises se nomme « le choix de la Vie ». Nous avons invité le professeur Albert Jacquard, grand humaniste, pour débattre de cette question.
Nous sommes une association de femmes, la plupart en situation de handicap, singulières, différentes par la marque, la trace laissée sur notre corps. Nous sommes aussi des femmes valides, mères d'enfants en situation de handicap. Le hasard de la vie nous a fait croiser le handicap.
Qui es-tu toi, femme, qui t'autorise à donner naissance à un enfant ? Toi, porteuse de différence, toi dont le corps n'est pas conforme à la norme, toi dont la maladie génétique est transmissible. De quel droit vas-tu encombrer la société d'un enfant difforme, monstrueux ? Enceinte, dois-tu garder l'enfant que tu portes ?
Toutes ces questions, tout ce qui est écrit dans la presse concernant le handicap, la transmission, les positions prises, nous ont interpellées et nous avons décidé d'en débattre.

Ce ne fut pas chose facile d'organiser une rencontre sur ce thème. L'angoisse, par petites touches successives, s'installait jetant le doute sur le bien fondé d'une telle rencontre. Avions-nous le droit d'aborder un tel sujet, de remuer la boue du non dit, du connu, de l'inconnu ? Devant les prises de positions

[1] Présidente de « Femmes pour le dire, Femmes pour agir », psychanalyste.

radicales, devant le doute, le questionnement des unes et des autres, nous avons opté pour tenir cette rencontre.
Vous lirez dans les pages qui vont suivre les propos du professeur Albert Jacquard comme une méditation à voix haute sur notre identité de membres de l'espèce humaine ; Nicole Diederich, avec passion, affrontera l'interdit de parentalité pour des gens jugés inaptes du fait de leur handicap par des tiers ; Chantal Lavigne nous proposera de parcourir les représentations sociales du handicap et d'interroger les évidences si nous voulons ouvrir la voie du choix ; « Pourquoi vouloir un enfant ? » demandera Martine Brochen qui nous proposera des réponses nourries de l'expérience des mères handicapées ; dans un texte dense et très documenté, Danièle Moyse posera la question : « en quoi l'altération du corps arrête-t-elle ou peut-elle arrêter la rencontre avec un être humain ? » ; puis Raoul Morseau nous conduira dans un autre univers culturel où l'on supprime les « enfants-sorciers » ; enfin plusieurs témoignages nous seront proposés, ceux de Kathy Edwards, d'Agnès Bourdon, de Fabienne Levasseur. J'ajouterai pour ma part, dans cette polyphonie, un petit air de psychanalyse, me référent à Lacan et à ses commentaires sur la vision.

Immédiatement, je voudrais vous faire partager mes réflexions. L'enfant né du désir de la rencontre d'une femme et d'un homme ne peut naître que beau, complet, magnifique. Pourtant quand on écoute les femmes enceintes, on entend raconter de multiples fantasmes plus terribles les uns que les autres. L'imagination déferle ; on dirait que les femmes enceintes doivent passer par ces rêves, éveillés ou non, pour donner naissance, enfin, à un *enfant normal*. La monstruosité est là martelant l'imaginaire de ces mères, jeunes ou moins jeunes. C'est une peur qui les tenaille.
Pourquoi ces représentations terribles, je dis bien terribles, car toute différence, toute singularité, entraîne l'angoisse, le rejet, la mort (comme dans un « ailleurs » si proche, les *enfants sorciers,* comme dans l'antiquité on exposait les

enfants difformes, signes de malheur ; on les tuait, on les faisait disparaître).
L'enfant, cet être merveilleux, doit naître parfait.
La responsabilité du mal-naître était imputée à la mère, c'était elle la coupable, c'était elle qui avait péché.
Une fois encore c'est la Femme, la Mère, la responsable.
Aujourd'hui, où en sommes nous ? Plusieurs courants s'affrontent : garder l'enfant pas comme les autres, avorter, faire disparaître celui qui engendre la différence, celui qui crie au monde sa singularité.
Le débat n'est pas facile, il prend chacune et chacun dans sa représentation de la vie, la pulsion de vie vient se heurter à la pulsion de mort. Choisir de garder ou de ne pas garder l'enfant en gestation appartient à ceux qui l'ont conçu, à celles et ceux qui dans un acte d'amour ont désiré ce petit d'homme.
C'est aux parents de décider, ils ont besoin d'accompagnement, de comprendre de quoi peut être atteint leur enfant. Ils ont le droit de savoir, de choisir. Le corps médical a le devoir d'informer, de soutenir, de préparer les parents quel que soit leur choix. L'enfant handicapé est une richesse pour tous, mais il faut vivre chaque jour le quotidien souvent difficile, mis à part la joie et l'amour qu'il donne.
Se pose également le problème de la souffrance, celle de l'enfant, celle des parents. Comme vous le verrez dans un des témoignages, Fabienne nous dit avec vérité et simplicité qu'elle préfère ne pas tenter le diable.

Le choix de la vie, est-ce la bonne question ?

Ce que je voudrais dire en conclusion, moi femme handicapée, c'est que la vie est un combat, une grande aventure. Le fait d'être différente engendre bien sûr des difficultés spécifiques que l'on essaie de résoudre ou de surmonter. Certains jours je me serais bien passée de cette singularité pesante et difficile à gérer. Le handicap est une souffrance qu'il ne faut pas nier, souffrance de la personne

elle-même, de ses parents, de l'entourage. Trop souvent le père laisse la mère seule, il s'en va…
Pourrait on dire que la différence est cet éclair de foudre qui vient interpeller le monde pour nous sortir de nos certitudes ?

Qu'est-ce que j'ai de particulier ?

Albert Jacquard,
professeur de génétique des populations [2]

C'est en tant que biologiste généticien que j'aimerais intervenir, en commençant par évoquer une erreur qui a coûté très cher à l'humanité, qui date de vingt siècles, sur la définition même de ce qui se passe quand un couple a un enfant. En effet, les Grecs disaient : l'enfant qui va naître est un individu, c'est-à-dire qu'il est indivisible. S'il est indivisible, il ne peut pas avoir deux sources.

Les apparences nous font dire : pour avoir un enfant, il faut être deux. Or, il n'y a qu'un, et l'évidence est que c'est la mère.

Avec cette vision, il est évident que les hommes contiennent en eux-mêmes l'avenir biologique de la communauté.

Quand on a eu les microscopes, on a découvert les spermatozoïdes, et on a cru voir un bébé tout fait dans ceux-ci. Ça a provoqué certaines réactions. Alors les biologistes ayant trouvé l'ovule, ont dit : il y a plus de place car il est plus gros pour loger un bébé.

Il y avait des ovistes et des spermatistes !

Un moine a découvert le fin mot de l'affaire, qui n'avait jamais été imaginé, et qui consistait à dire : chacun des deux géniteurs envoie à son enfant la moitié de ce qu'il est.

L'événement essentiel dans l'histoire du vivant, c'est l'invention de la procréation. Avant, les bactéries se divisaient : on faisait du nombre mais pas du neuf. Depuis qu'il y a la procréation à deux, on fait de chaque procréation quelque chose de nouveau. Le bébé qui naît est tout neuf, il est seul de son espèce.

---

[2] Exposé transcrit à partir d'un enregistrement.

A partir de là, l'évolution a pu se mettre en place. On a vu des poissons ratés qui sont sortis de l'eau..., et un primate raté qui est tombé des branches, c'est nous.
Nous sommes des êtres comme les autres.
Qu'est-ce que j'ai de particulier ?
Après avoir fait ce cheminement qui fait des hommes des êtres très soumis à tout le reste, on peut proposer un cheminement qui nous permettra de comprendre à quel point nous sommes étranges.
Je parlerai pendant peu de minutes d'un sujet qui est passionnant et qui permet de comprendre ce qui s'est passé sur notre planète, et même ailleurs.
En effet, depuis quatre milliards d'années que l'univers est là, beaucoup de choses se sont produites. De temps en temps, des objets qui étaient simples s'agglutinent et deviennent des objets un peu plus riches, et chaque fois, il y a une augmentation de la performance des êtres.
On a compris à quel point nous n'étions pas dans un univers stable, mais un univers qui s'enrichit, qui devient de plus en plus capable et qui ne peut le faire qu'au prix d'une complexité croissante : le fait qu'un objet est fait de beaucoup d'éléments divers en interaction. Sur la terre, ça a été accéléré par la présence de l'eau liquide.
Peu à peu, il y a eu sur la terre des objets nouveaux, donc inédits, donc souvent considérés comme ratés, car ils étaient différents de la norme. On les considérait comme autres et donc moins bien. Quand on s'éloigne de la norme, on devient un objet plus complexe. La notion de norme est malheureusement très répandue et fait des ravages.
A partir du moment où l'on a compris que le plus grand événement de la terre a été la procréation, on a compris que ça a été l'introduction du hasard. On a peu à peu vu apparaître des êtres étranges. Nous sommes des primates ratés car incapables de vivre dans les branches.
Dans la savane, il nous est arrivé toutes sortes de malfaçons, en particulier, nous nous sommes trompés dans la fabrication du cerveau. Il comporte sept milliards de neurones chez les

primates et dix milliards chez nous. Et là, le bassin de la mère n'est pas assez large. C'est pourquoi, le petit d'homme naît au bout de neuf mois, alors qu'il est complètement incapable. A partir de la naissance, le cerveau se construit jusqu'à ce qu'il ait un million de milliards de connexions. A partir de sa naissance, un enfant met en place deux millions de connexions chaque jour.

Il y a des interactions subtiles, donc il est le champion de la complexité.

L'intelligence, c'est être capable de se poser des questions, d'être ému, d'imaginer, etc.

Le plus important, c'est que les êtres humains ont profité de ce cerveau pour mettre en place un langage extraordinairement subtil. Tous les animaux ont des langages. Mais nous, les hommes, nous avons inventé un langage infiniment plus subtil, qui fait que nous pouvons faire comprendre à l'autre non seulement des informations mais ce qu'il y a en nous de plus profond, de plus intime, des projets, tout cela, on le partage avec l'autre. Quand on partage, on crée un objet supérieur en complexité.

Par conséquent, le surhomme existe, ce n'est pas toi, ce n'est pas moi, c'est nous.

Á nous deux, on est capable de communication, alors, on va être une complexité fabuleuse, et on fera des choses impossibles à imaginer quand on est seul.

C'est ce qui se passe encore dans les étoiles, où il y a beaucoup d'hélium. Quand trois héliums se rassemblent, ça donne un carbone.

On voit par cette image de l'astronomie, que peu à peu, la complexité apporte des merveilles de performances. C'est ce qui s'est passé dans l'histoire humaine : nous avons ajouté une capacité supérieure à nous grâce à la communication.

C'est cela qui est important. Finalement, le résultat de ces réflexions, c'est que chaque homme a une double définition.

Qu'est-ce que je suis ? Je suis fait avec des neutrons, des protons, etc. C'est ce que vous voyez, mais ce n'est pas moi, c'est le support, l'individu.

Mais il se trouve que j'ai été capable et que j'ai eu la chance de rencontrer des autres, et ainsi, je suis devenu supérieur à moi-même, je suis devenu plus que moi, je suis devenu une personne qui a été capable de participer à la création de cette chose aussi extraordinaire que ce concept de personne.
Qui parle quand je dis « je » ? Il y a une réflexion de moi sur moi qui ne peux exister que parce qu'il y a l'autre.
Si j'étais tout seul avec toute mon intelligence, elle ne fonctionnerait pas. Je serais complètement nul, je n'aurais rien. Heureusement, j'ai rencontré papa et maman, des petits camarades, et tous étaient différents. Etant différents, ils me faisaient peur. J'ai le réflexe de me mettre à l'abri, mais alors, je perds tout. Il faut expliquer aux enfant que l'essentiel de leur vie, ça va être les rencontres. Oui, ça peut être douloureux, mais c'est la seule façon de se construire. Ce qu'on va apprendre, on l'apprend en vivant une vie de citoyen. On ne devient citoyen que si on est capable de rencontrer l'autre.
L'objet ne mérite pas d'être très respecté, mais surtout, la personne correspond à un apport à l'univers extraordinaire. Cet apport est différent chez chacun, mais on ne peut pas hiérarchiser ces rapports. Il faut se battre contre l'idée que la différence est synonyme de supériorité ou d'infériorité.
Quand deux nombres sont différents, il y en a un grand et un petit. Mais pour tout le reste, il n'y a pas de hiérarchie.
Il faut se battre contre cette idée reçue, de supériorité et d'infériorité.
Pourtant, c'est introduit de façon sournoise par le vocabulaire.
Le mot handicap vient de « hand in the cap », un jeu qui consistait à mettre la main dans le chapeau pour aller chercher un objet. Mais ce mot donne une impression négative.
Or, il est important de prendre conscience que c'est une différence. Mais dès le départ, le mot handicap a introduit l'idée que c'est moins bien.

Certains ont supprimé le mot handicap. Au lieu de dire : personne handicapée, ils disent : personne autrement capable. Du coup, en prenant ce terme, on constate qu'il y a du autre, mais ce n'est pas a priori quelque chose de négatif.
La maternité est quelque chose de tellement étrange qu'on a dit beaucoup de sottises à ce propos. D'Alembert, dans l'encyclopédie, dit : la procréation est un phénomène tellement mystérieux que la science ne pourra jamais l'expliquer. Or on l'explique maintenant, grâce à Mr G. Mendel.
Or, c'est la plus grande invention car c'est l'impossibilité de prévoir ce qui sera demain.
Voilà encore une belle découverte des êtres humains, ils ont inventé que demain sera. Car dans la nature, il n'y a pas demain.
Tout se vit maintenant, mais pas pour nous, parce que nous avons inventé qu'un jour l'avenir serait là, et que cet avenir, nous pouvons mettre le présent à son service. Toute notre vie va alors consister à construire quelque chose de neuf.
En enlevant le mot handicap, on va dans la bonne direction, en disant : la différence qu'on apporte aux autres, essayons de ne pas la juger.
L'OMS a mis dans la définition du handicap que c'était une situation qui impliquait une incohérence entre une personne et son milieu. Mais ce n'est pas la personne qui est coupable, c'est tout autant le milieu. Il y a une incohérence, mais on peut l'utiliser pour en faire un moteur.
Nous sommes malheureusement dans une société qui n'a pas très bien compris à quel point la différence est un moteur. On a fait une grave erreur en s'imaginant que le moteur de la société, c'était la compétition, la lutte des uns contre les autres. C'est affreux, stupide, car un beau jour, on est battu. Par conséquent, dès le départ, il faut renoncer à la compétition et la remplacer par l'émulation, le constat que l'autre est différent, et justement pour ça, il va m'apporter quelque chose.

C'est de ça qu'il s'agit quand on veut mener une vie d'homme ou une vie de femme. Quand je dis homme, je pense que dans la grammaire française, il y a deux genres, le féminin et le neutre !
Être un membre de l'espèce humaine est de pouvoir devenir plus que soi-même, donc être déjà un surhomme.

La parentalité sous contrôle

Nicole Diederich, sociologue [3]

Devenir parent, jusqu'à une époque récente, était relativement simple, sauf pour ceux qui en étaient empêchés organiquement.

Et la société a tenté d'en faire le contrôle.

A partir du 19ème siècle, de nombreux discours eugénistes en témoignent dans les pays industrialisés, mais à part l'extermination du régime nazi, les prédicateurs n'avaient pas les moyens de le réaliser à grande échelle.

Aujourd'hui, il ne sera plus difficile dans un avenir proche de soumettre le désir de parentalité à certaines conditions, comme une sorte d'examen de passage, comme ça se pratique déjà dans l'adoption.

C'est dans cette force du contrôle social latent que je situerai mon propos : l'interdit de parentalité pour des gens jugés inaptes par des tiers.

Je vais évoquer le cas d'une jeune femme qui a été stérilisée contre son consentement à l'âge de vingt-deux ans. Et de ce fait placée dans une situation d'indignité sociale vis-à-vis de la parentalité, uniquement en raison d'un handicap physique.

---

[3] Le travail de Nicole Diederich s'est articulé autour de plusieurs axes de recherche. Le premier essaie d'extraire le handicap du champ médico-psychologique en essayant de faire apparaître la dimension sociale qui le compose. Elle s'attache plus particulièrement dans ses recherches aux conditions de vie des personnes handicapées mentales dans les questions de vie sexuelle, de parentalité et de stérilisation. Quelques repères dans la réflexion de Nicole Diederich : elle vient de publier en 2006, avec Danièle Moyse : *Vers un droit à l'enfant normal ?* Il s'agit de l'impact du diagnostic prénatal. Un autre : *Stériliser le handicap mental ?* Publié chez Erès. Un ouvrage vient d'être réédité, sur *les Naufragés de l'intelligence*, publié en 1990, réédité en 2004. N. Diederich est chargée de recherche à l'INSERM.

Je vous dirai comment elle et son mari tentent de faire valoir leur capacité à l'adoption et sont à nouveau bafoués, en raison de la décision initiale : ayant eu trop de souffrance pour leur permettre d'être parent. Cette souffrance est jugée incompatible par la commission pour être parent.

On constate ici la cruauté et l'injustice d'une telle assertion.

Mon propos est de solliciter votre soutien qui pourra se traduire concrètement par la signature d'une pétition que j'ai préparée.

Je vais présenter brièvement la façon dont la stérilisation de Nathalie a été réalisée, le procès qu'elle mène actuellement à l'encontre de ses parents et de la clinique. Ensuite, je parlerai de la façon dont on été reçues ses démarches en vue d'une procréation médicalement assistée et l'adoption.

Tous deux sont de grands prématurés. Nathalie vit depuis toujours en fauteuil.

Son mari a moins de séquelles, il conduit, et ils sont tous les deux autonomes dans la vie quotidienne.

La famille de Nathalie a exercé un chantage en demandant la stérilisation pour donner son accord pour le mariage. Nathalie n'a pu s'y soustraire.

Or, c'est toujours très douloureusement vécu par Nathalie et par son mari qui s'en juge partiellement coupable.

Le couple s'installe dans un appartement prêté par l'A.P.F.[4], puis entame une mesure pour la levée de curatelle, jugée abusive. Ils achètent leur appartement, et entament une action judiciaire pour faire prévaloir le préjudice subi par la stérilisation.

Parallèlement, pour ne pas être simplement dans cette souffrance et ce désir de faire valoir ce préjudice, ils se situent dans un désir d'avenir et entament une demande de procréation médicalement assistée dans le service du Pr. Fiedman. Cette demande est évaluée, et elle est acceptée. Donc Nathalie et Bertrand sont jugés par le psychologue de l'équipe et le Pr. Fiedman aptes à devenir parents.

---

[4] Association des Paralysés de France.

Malheureusement, les examens hormonaux montrent que la procréation médicalement assistée ne pourra pas se faire. Il existe vraisemblablement une ménopause précoce, sans doute liée à la stérilisation. Donc le protocole est abandonné, et Nathalie et Bertrand se retrouvent avec leur désir d'enfant.

Toujours portés par ce désir d'enfant qui existe depuis leur rencontre, le couple entame une procédure pour avoir un agrément en vue d'adoption. En dépit de la reconnaissance en des termes très élogieux de leur maturité, tant psychologique qu'intellectuelle, de leur complète autonomie, après avoir reconnu que ce projet était longuement mûri (ils avaient acheté un appartement et l'avaient aménagé en fonction du handicap et de l'enfant à venir), bien que le couple soit décrit en des termes extrêmement positifs (couple uni et solidaire, communiquant entre eux avec beaucoup de respect, etc.), leur demande est rejetée.

Le procès engagé par Nathalie à l'encontre de sa famille est incompatible avec l'adoption, d'après l'assistante sociale.

Cet argument et lui seul a été repris dans la lettre officielle émanant de la directrice adjointe du service des adoptions de l'Essonne.

Nathalie et Bertrand ne s'arrêtent pas là. Ils engagent un recours et font un nouveau parcours de plusieurs mois pour obtenir à nouveau l'agrément en vue d'une adoption. Ils viennent d'apprendre qu'on leur refusait pour la deuxième fois cet agrément, pour des motifs qui sont à la fois cruels et pervers. Une phrase clé du rapport de l'assistante sociale : « Il apparaît au travers de leurs propos que Mr et Mme Alexandre accordent une grande importance et font toute confiance à l'amour qu'ils veulent donner à leur enfant, c'est la clé de voûte d'une adoption réussie pour eux. On perçoit la notion réparatrice de cette démarche, pour l'enfant à qui il est de ce fait laissé peu de possibilité d'être heureux. »

Je vous laisse apprécier la qualité de ce rapport.

Faut-il comprendre que les parents adoptifs devraient s'engager à ne pas donner trop d'amour à leur enfant, et surtout faire serment de le laisser libre d'être malheureux ?

Il s'agit de donner une chance à un enfant déjà né.
A travers l'adoption, il peut être donné à l'enfant une chance d'advenir dans une famille aimante.
Bien entendu, le fait d'être adopté lui laisse moins « de possibilités de ne pas être heureux » que s'il était laissé à l'abandon dans un orphelinat.
Voici donc très résumés des faits qui interrogent à plusieurs titres.
Ils interrogent sur le pouvoir total dont usent et abusent familles et tuteurs sur les personnes handicapées.
Sur la violence et l'injustice que constitue un tel refus, qui présume qu'une personne ayant subi de telles violences ne peut pas envisager de faire reconnaître judiciairement son préjudice, sous peine d'être disqualifiée dans ses demandes de projets dans la vie.

Par le refus, qui ne tient aucun compte des avis positifs, et justifié par les maltraitances subies, la société n'est-elle pas coupable d'ajouter une nouvelle violence à une violence initiale.

A travers eux, ce sont toutes les personnes handicapées qui sont ainsi condamnées, et plus encore si elles ont été victimes de violences. La dénonciation de cette injustice doit non seulement déboucher sur une réhabilitation, mais aussi faire en sorte que cette démarche puisse dégager des potentiels latents et s'en sortir grandis et non comme dans le cas de Nathalie et Bertrand, s'en sortir encore plus invalidés et mutilés.

Dans la pétition, je reprends en gros ce que j'ai dit.
C'est une pétition de soutien. Ça ne veut pas dire qu'on aboutira à quelque chose. C'est au moins un soutien moral par rapport à ce qui est dit.

Naître handicapé, être handicapé, faire naître handicapé : de l'évidence à l'interrogation

Chantal Lavigne [5]

Préambule

Dans l'article de presse « À propos du référendum sur l'avortement au Portugal », nous pouvons lire :

- *Journaliste* : « Si votre femme voulait avorter ? »
- *Interviewé* : « Je ne sais pas, ça dépend. Si on a un enfant handicapé et si on ne peut pas avorter, faut pas délirer, ce n'est pas normal ! C'est mieux d'avorter que d'avoir un enfant et de le jeter ensuite dans un sac en plastique. » (Le quotidien *Métro* du 13/02/07).

À partir de ce discours, je me propose de présenter diverses représentations du handicap et de la parentalité en situation de handicap, qui circulent dans notre société. Celles-ci peuvent varier en fonction du locuteur, de son rapport au handicap et osciller entre les registres de la négativité et de la positivité ; la parentalité en question étant tantôt disqualifiée, redoutée et blâmée, tantôt réhabilitée, désirée et revendiquée.

---

[5] Chantal Lavigne est maître de conférence dans le département de Psychologie à l'université de Nanterre Paris 10. Ses travaux de recherche : un travail sur les représentations sociales du handicap, et les pratiques qui lui sont associées, en particulier la représentation de la parentalité des personnes en situation de handicap vue par les professionnels et les parents ; un travail sur les relations entre les professionnels de la surdité et des parents entendants d'enfants sourds. Publications : *Parentalité et handicap. La surdité, le handicap et le pangolin.* PUF 2004.

1. Le flou et la polysémie du terme « handicap »

Dans les textes professionnels, politiques, administratifs traitant du « handicap », le plus souvent le terme « handicap » qui fonctionne comme une *référence évidente*, consensuelle, n'est pas défini et reste flou. Là où les situations de « handicap » auxquelles il renvoie implicitement ne sont pas précisées (type de handicap -physique, moteur, sensoriel, mental, psychique-, degré de handicap, handicap de naissance, acquis, évolutif). Il s'avère que généralement « le handicap » est appréhendé par une pensée de l'*amalgame* (tous handicaps confondus). En outre, cette notion est de plus en plus fréquemment associée à -voire remplacée par- des termes tels que différence, altérité, étrangeté, liminalité, vulnérabilité, accident de la vie, aléa naturel, ce que l'on n'a pas choisi... En bref, très souvent le « handicap » dont on traite n'est pas donné concrètement à voir. Par exemple, dans la presse française destinée aux enfants et adolescents, de nombreux articles insistent sur le devoir d'accepter, d'être solidaire avec « les personnes handicapés » : « aider l'élève handicapé (en intégration dans une école ordinaire) participe à une bonne note de vie scolaire »[6]. Il n'est pas spécifié si cet élève est autiste, tétraplégique, sourd, aveugle, malvoyant, handicapé mental, trisomique etc. ou polyhandicapé. Quand tel article raconte comment des marins ont permis à « 45 jeunes handicapés » de faire le tour du monde[7], dans ce bateau on ne sait pas précisément de quel(s) handicap(s) « ces handicapés » sont porteurs : sont-ils en situation de plusieurs handicaps associés, ou bien, s'agit-il de l'association, de la rencontre ou du *mélange*[8] de personnes différemment

---

[6] Mon Quotidien - Le Journal des enfants de 10 à 14 ans, 3/08/06.

[7] Ibidem, 2/02/07.

[8] Le regroupement entre divers états désignés comme handicap renvoie à l'idée d'un *mélange confus et diffus* illustrant le « phénomène de halo » ou généralisation opérée à partir d'une caractéristique, par exemple physique, à une caractéristique sans rapport avec cette première caractéristique (H. Livneh 1982). L'atteinte spécifique de telle fonction est perçue comme se diffusant, contaminant, débordant sur les autres fonctions. Par exemple, une personne présentant une déficience motrice,

handicapées ? L'important, enfin, ce que l'on retient, c'est que ce sont « des handicapés ». Il apparaît donc que « le handicap » est une notion abstraite globalisante regroupant de façon indifférenciée des réalités différentes, imprécises (Lavigne 2007)[9]. En outre, cette indifférenciation entre diverses situations de handicaps fonctionne conjointement à la réduction et la banalisation de toutes les différences - incluant celles entre les valides et les handicapés- : « je suis différent comme tout le monde » est la phrase inscrite sur le bracelet contre la discrimination proposé par l'Association des Paralysés de France en 2007.

2. « L'évidence » du modèle maléfique du handicap

L'anthropologie a mis en évidence la variabilité des interprétations de la maladie, de l'infirmité, de l'anomalie. Dans cette perspective, l'événement handicap peut se rattacher à deux modèles (Laplantine 1986). Dans un modèle maléfique, le handicap est une figure du mal, du malheur, c'est un état néfaste, indésirable, tout entier privatif et soustractif (déficience, diminution, perte, manque, a-normalité…). Cet état ne représente pas seulement une déviance biologique, mais une déviance sociale associée à une dévalorisation sociale : ce n'est pas seulement ce qui fait mal, mais ce qui est mal. Le handicap doit être évité, combattu par la prévention ou corrigé, réparé : bref, éradiqué. Perçu comme l'anti-vie à l'état pur, il est objet de honte et de scandale, il est absurdité, erreur de la nature, faute humaine (de la science médicale, des parents), il est mauvais hasard, injustice. Suscitant peur et répugnance, il est perçu comme non-sens radical, il n'apporte rien, ne révèle rien et rien ne

---

sensorielle, une altération physique, sera perçue, par conséquence, comme présentant une déficience intellectuelle, une altération psychologique. Dans cette logique, peu importe la spécificité du handicap, la personne handicapée est représentée comme globalement handicapée ; peu importe la déficience, le résultat est identique, c'est une personne handicapée.

[9] Les références entre parenthèses renvoient à la bibliographie qui suit le texte.

peut le justifier ; il ne devrait pas exister. À l'opposé de cette négativisation essentielle du handicap et de l'expropriation de son sens existentiel (qui s'accompagne de son appropriation et de son contrôle par le savoir médical), fonctionne le modèle bénéfique. Ici, le handicap a une signification ambivalente, voire franchement positive. Il n'est plus perçu comme catastrophe, aberration de la nature à juguler, mais il apparaît porteur de valeur et de sens. Dans cette logique, le handicap qui est une expérience exceptionnelle, privilégiée et gratifiante, n'est plus désagrégation, mais restructuration. Il est associé à la surcompensation, l'exploit, la jouissance, voire l'expérience initiatique. Riche en signification, il est perçu comme un état éminemment valorisé. C'est une expérience qui exalte, illumine, révèle ou libère, et de toute façon, enrichit. Ce modèle bénéfique se retrouve dans des sociétés autres que la nôtre où le modèle maléfique apparaît comme une évidence. Dans notre culture, en effet, on n'envisage pas qu'il puisse exister un autre modèle du handicap que maléfique, le modèle bénéfique y étant marginalisé, voire refoulé.

3. Le handicap est présenté comme souffrance intrinsèque, structurelle

Aujourd'hui, il est politiquement correct de parler de personne en situation de handicap, expression neutre et non connotée. Toutefois, l'expression « une personne souffrant de déficience » est fréquente et toujours utilisée ; elle fait référence à la souffrance physique et psychologique censée caractériser les personnes handicapées. Cette souffrance est présentée comme étant de l'ordre de l'évidence (on considère que c'est normal, naturel, obligé qu'une personne handicapée souffre). H. Livneh (op.cit.) évoque le « devoir de souffrance » ou « l'exigence d'affliction » comme mécanisme intra-psychique intervenant dans les attitudes à l'égard des personnes handicapées : les valides attendent, exigent de celles-ci qu'elles soient affligées par la perte d'une partie ou d'une fonction de leur corps. Dans cette perspective, toute personne handicapée se doit de souffrir de vivre un tel malheur. Afin de protéger leur système de normes et de valeurs, de garder leur certitude sur l'importance d'un corps qui fonctionne normalement, les valides ont besoin que les personnes handicapées souffrent et montrent leur souffrance. Toute tentative ou effort de la personne handicapée pour nier ou rejeter ce « rôle de souffrant » provoque, chez les valides, des attitudes négatives à son égard. Dans cette perspective, il est donc inconcevable, même insupportable, pour une personne valide qu'une personne handicapée ne souffre pas, qu'elle ne regrette pas son état, ne désire pas changer, à savoir devenir moins handicapée, valide. Par exemple, c'est impensable qu'un sourd ne souffre pas de sa surdité, qu'il puisse même être heureux, être heureux d'être sourd. C'est pour cela qu'un valide (entendant) souvent ne peut accepter qu'un sourd n'entende pas, ne parle pas et surtout qu'il ne désire pas entendre et parler (vocalement). À ce propos, Mottez (2006) tout au long de son œuvre, s'insurge contre le pouvoir que se sont octroyé les entendants de nommer les sourds dans leur « diminution » et leur « souffrance » présumées. Il déplore la bonne intention des entendants à vouloir soulager cette souffrance et réparer les « Sourds » qui ne se retrouvent pas dans l'appellation de déficients auditifs. Cette représentation médicale de la surdité constituant une violence pour les sourds signeurs de la communauté sourde[10] Cette attitude réparatrice est celle du milieu médical majoritaire affirmant la nécessité du dépistage précoce systématique de la surdité afin de pouvoir implanter les bébés sourds (faire entendre le sourd, le rendre moins sourd). En contrepartie, cette position n'est pas de l'ordre de l'évidence pour la majorité des sourds[11]. L'idée qu'on ne peut, qu'on ne

[10] Mottez dénonce les tentatives d'éradication de la culture et de l'identité des Sourds en tant que minorité linguistique et culturelle, la méconnaissance, la dépréciation et l'interdiction historique de la langue des signes, de même que la méfiance encore actuelle à son égard.

[11] La généralisation de l'implantation cochléaire des bébés et jeunes enfants sourds est objet de vives controverses et associée à des réflexions éthiques. Si l'implant est présenté, par certains, comme une thérapeutique

doive pas vivre sourd, handicapé, renvoie, outre la pratique médicale réparatrice, également à la prévention du handicap, au conseil génétique (pratiques s'insérant dans la logique d'une médecine de santé publique).

4. Être handicapé, être parent d'enfant handicapé : deux états qui ne devraient pas exister ?

L'idée que la personne handicapée ne devrait pas être, ne devrait pas naître est aussi portée par le discours juridique. Marcela Iacub (2002) qui part du postulat du « malheur qu'il y a à être handicapé », pose la question suivante : « est-ce que l'on a le droit de faire naître un enfant handicapé ? ». En tant que juriste, elle souhaite une réflexion et un changement sur les conditions de procréation, « le bien de l'enfant » devant être primordial et défini par ses intérêts propres en tant qu'individu. Défendant « un principe de non-nuisance à l'enfant », elle déclare que « décider de faire naître un enfant handicapé, quand ceci aurait pu être évité, ne serait autre chose qu'un tort fait à autrui et relevant du droit commun ». Elle propose de « construire une philosophie politique et morale de la procréation » et s'insurge contre la situation actuelle qui attribue aux femmes un pouvoir absolu sur la procréation, contre leur tout pouvoir sur l'enfant, notamment celui d'avoir le droit de faire naître un enfant gravement handicapé. L'enfant devrait avoir le droit d'être protégé, on devrait lui garantir de naître dépourvu de handicap grave[12] et « il faudrait définir les circonstances dans lesquelles on n'a pas le droit de faire naître » (op. cit. p.155). Par ailleurs, de même qu' une vie de handicapé est présentée comme ne valant pas la peine d'être vécue, la parentalité Parent Valide/Enfant Handicapé est montrée comme ne valant pas la

---

incontournable, voire miraculeuse, d'autres en montrent les limites (un sourd implanté ne devient pas entendant, il reste sourd), d'autres encore évoquent de graves effets iatrogènes, l'associant à une maltraitance infantile.

[12] La définition de la gravité ou de la non gravité d'un handicap n'est pas donnée.

peine d'être vécue et devant être évitée ; ces deux états n'étant ni souhaitables, ni enviables, mais regrettables[13]. En effet, la littérature experte professionnelle présente de façon générale cette parentalité comme relevant du pathétique et du pathologique, comme étant d'une part, spécifique, à part, anormale et d'autre part, une sous-parentalité ou dysparentalité, parentalité handicapée, déficiente, catastrophée, traumatisée, éternellement en souffrance et marquée par la rancœur, la honte, la culpabilité obligées (Lavigne 2004-a). Au premier plan, émerge l'image de « la mère d'enfant handicapé », malheureuse ou mauvaise mère décrite dans son inévitable rapport de fusion-surprotection ou de rejet de l'enfant (hypothèse de la frustration-agression : avoir un enfant handicapé = souffrance, souffrance = violence). Dans ce contexte, il est dit qu'il est impossible pour des parents valides d'accepter un enfant handicapé, car « trop différent » d'eux-mêmes, ils ne peuvent s'y identifier (impossible transmission parentale, rupture trans-générationnelle). Ils le perçoivent comme un échec de procréation, comme l'enfant de la faute, l'objet caca, image de l'abject, de la mort, du chaos etc. Nombreuses sont les métaphores-choc qui imprègnent la littérature médico-pychologique -largement alimentée de références psychanalytiques- qui ont particulièrement disqualifié cette parentalité. En outre, nuançant et renforçant cette représentation, est évoquée, pour de « rares parents », l'acceptation de l'enfant « toute relative » (illusions

[13] D'après B. Virole (1996), s'il n'est pas réjouissant d'être sourd ou d'avoir un enfant sourd, par contre, on peut souhaiter et se réjouir de *la disparition des enfants sourds* (dont on ferait des enfants entendants) et de *la disparition de la parentalité Parent d'Enfant Sourd* : « Il est possible qu'un jour la surdité ne soit plus qu'une entité clinique disparue, vaincue par les avancées de la génétique moléculaire, des thérapies géniques ou des biotechnologies. Il faudra sans doute s'en réjouir car la possibilité offerte aux enfants sourds d'entendre et d'éviter à leurs familles les difficultés d'une éducation lourde en souffrance de tout ordre, n'est pas un objectif de peu de valeur » (p. 443).

réparatrices, idéalisation de la différence, déni de la réalité, bonheur illusoire, apparent, limité, faux, suspect...). Cette représentation du handicap comme un état qui bien évidemment est inacceptable pour les personnes handicapées et pour leurs parents, imprègne les discours experts, de même que les média.

5. Décalage entre l'expérience observée et l'expérience vécue

Le handicap ne peut se réduire à sa « réalité biologique », la réalité du handicap est le sens que l'on donne à l'expérience du handicap. Ce qui pour telle personne handicapée, tel parent ou tel professionnel est drame, pour tel autre, est une expérience très ambivalente, ou même une expérience associée à la réalisation de soi, à l'épanouissement personnel, identitaire, au bonheur, au sentiment de complétude. Concernant la parentalité en situation de handicap, on constate un décalage entre ce que des parents disent de cette parentalité et ce que les professionnels en disent. L'analyse de la représentation de la parentalité Parent Entendant/Enfant Sourd à travers la littérature scientifique et professionnelle française (Lavigne 2004-a) montre que d'un côté, les professionnels ont tendance à fixer les parents dans un traumatisme infini, une blessure narcissique incommensurable, irréparable ; ils insistent sur les ruptures communicatives « tragiques », « naturelles », « normales » entre les parents et leurs enfants, de même sur les ruptures avec les sourds, sur l'impossibilité d'apprendre la LSF[14], langue « trop différente » du français. En bref, les professionnels se focalisent sur les différences, les difficultés, les souffrances qui seraient structurelles, constitutives à cette parentalité[15]. En contrepartie, des parents entendants

---

[14] Langue des Signes Française.

[15] Ce sont surtout des professionnels relevant des champs cliniques médico-psychologiques et rééducatifs qui décrivent la relation parent-enfant. Ces professionnels, spécialistes des situations problématiques, douloureuses, sont tout particulièrement formés à être attentifs à -et à

d'enfants sourds de naissance, qui ont fait le choix de donner une éducation bilingue (LSF et français écrit et oral), insistent sur l'évolution de leur rapport à la surdité, sur la rencontre avec l'enfant, les sourds, la LSF, les stratégies adaptatives, les bricolages communicatifs, linguistiques (« communication différente, mais normale »)[16]. Ils insistent, non pas sur les difficultés relationnelles, les souffrances psychologiques, mais sur les problèmes organisationnels, matériels, conjoncturels (difficulté de concilier la vie familiale, professionnelle avec les exigences d'une éducation bilingue, besoin de temps, d'énergie -surtout dans la petite enfance-, difficulté de trouver des structures éducatives bilingues). Loin d'exprimer des sentiments d'échec, de honte, de culpabilité, ils présentent leur parentalité comme tout à fait gratifiante et satisfaisante, expriment des sentiments d'admiration, de fierté par rapport aux efforts, aux capacités d'adaptation de leurs enfants, des sourds qu'ils présentent non pas diminués mais différents (Lavigne 2006-a, 2006-b). Ce décalage entre les parents parlés dans leur parentalité (observée) et les parents parlant eux-mêmes de leur parentalité (vécue) fonctionne conjointement au décalage entre le discours dominant valide (médico-psychologique) sur les sourds (souffrants et diminués) et le discours sourd (émanant de la communauté des sourds signeurs) associant la

---

travailler avec- les difficultés et la souffrance humaine qu'ils ont pour rôle de soulager.

[16] Le discours des parents (dont une majorité sont des mères) a été recueilli lors d'une enquête psycho-sociologique. Ces parents ne doivent pas être considérés comme étant représentatifs de tous « les parents entendants d'enfants sourds » ou de tous « les parents d'enfants handicapés » conçus comme un groupe sociologique dont tous les membres présenteraient les mêmes caractéristiques. En effet, cette recherche qualitative ne fonctionne ni avec ces catégories généralisantes, ni avec les notions universalistes « être parent d'enfant sourd », « être parent d'enfant handicapé » telles qu'elles apparaissent dans les textes traitant du handicap. En outre, ces discours ont été recueillis dans l'ordinaire du quotidien et non pas dans des contextes institutionnels cliniques médico-psychologiques ou rééducatifs.

surdité à la force et la réussite adaptatives, la richesse, la vitalité de la culture sourde, l'identité linguistique (Mottez op. cit.).

6. Revendications au droit d'être handicapé, de naître handicapé, de donner naissance à un enfant handicapé

Je présenterai ici des discours revendicatifs émanant de personnes concernées personnellement par le handicap. Illustrant un discours de type *je veux vivre handicapé*, un sourd déclare : « je suis sourd et j'entends bien le rester »[17]. Ou encore un parent d'enfant sourd dit : « j'ai un enfant sourd et je l'accepte tel quel, mais je n'accepte pas les pressions culpabilisantes dont je suis l'objet quand des professionnels me disent que si je refuse de faire implanter mon enfant, je suis un parent irresponsable (sous entendu mauvais parent) ne faisant pas le maximum pour aider son enfant ». Ce parent, qu'il soit sourd ou entendant, déclare que l'enfant sourd a un rapport au monde spécifique (il n'entend pas mais ses potentialités sont intactes), et qu'il désire pouvoir l'élever dans les meilleures conditions afin qu'il ait toutes ses chances de réussite : accessibilité scolaire par une éducation adaptée lui permettant une intégration sociale. En résumé, ce parent désire que son enfant puisse être un sourd heureux. Et ce parent, s'il est entendant, de poursuivre : « Je n'accepte pas que l'on me renvoie constamment (de même qu'à mon enfant) l'image d'un parent malheureux, communiquant mal avec son enfant, vivant dans la honte et la culpabilité, que l'on suspecte et dévalorise notre relation. Plus qu'une consolation ou qu'une réparation psychologique, j'ai besoin d'une formation à la communication avec mon enfant afin de pouvoir exercer pleinement ma parentalité ». Un deuxième type de discours : je veux être, éventuellement, parent d'enfant handicapé, je veux avoir, éventuellement, un

[17] J'évoque ici la situation spécifique de surdité qui n'a pas à être considérée comme forcément représentative de toutes les situations de handicaps. Ce discours ne prétend pas, non plus, être représentatif de celui de tous les sourds.

enfant handicapé, peut émerger dans le cas de sourds qui ont ou n'ont pas d'enfants sourds, le cas d'entendants qui ont déjà un enfant sourd. Ces parents (considérés par la médecine comme des « parents à risques ») déplorent que lors d'une grossesse ou d'un désir de grossesse, ils aient à subir des « violences » et « humiliations » telles : « Vous n'allez quand même pas prendre le risque de donner naissance (ou de donner encore naissance) à un enfant sourd, handicapé ». Cette pression normative leur signifiant que ce choix est inacceptable, blâmable, honteux et fautif, qu'il équivaut à donner vie à de la souffrance, à du malheur, à outrepasser un interdit social évident, dans l'ordre naturel des choses : un citoyen responsable n'a pas le droit de s'autoriser à procréer du handicap !

7. Connaissance et croyance : la hiérarchisation des discours

De tels discours culpabilisant sont exprimés par le milieu médical ou juridique (valide), mais aussi par l'opinion publique (en général valide). Ces discours sont adressés à ceux qui sont concernés en premier lieu par le handicap, à ceux qui en sont les premiers témoins : les handicapés et leurs parents. Or, en règle générale on accorde du crédit au discours des experts ; leur distanciation et non-implication étant censée garantir leur neutralité, l'objectivité, la scientificité de leur regard, donc la vérité sur le handicap. Au contraire, on accorde moins de crédit aux discours des personnes handicapées, des parents. Leurs témoignages sont suspectés d'être entachés de subjectivité, d'irrationalité, de trop de passion (débordement de l'affect sur l'intellectuel). Rappelons que dans les représentations dominantes, handicap égale souffrance et souffrance empêche de penser : la pensée des personnes touchées directement par le handicap est censée relever plus de l'émotion que de la raison (ces témoins penseraient plus avec leurs tripes et moins avec leur tête)[18]. Cette pensée viscérale (s'opposant à une pensée cérébrale) est d'autant plus redoutée qu'elle émane d'une femme[19] parlant de la maternité, de son corps, de son ventre. De fait, même si aujourd'hui les personnes handicapées et leurs proches prennent de plus en plus la parole (associations de personnes handicapées, de parents, MDPH (Maison départementale des personnes handicapées) dont les agents sont « handicapés pour certains » -selon la mention faite dans les lettres destinées à leurs usagers-, il n'en reste pas moins que dans le champ de l'intervention et de la recherche sur le handicap, la posture d'extériorité reste la norme[20]. Ce sont des personnes non-handicapées qui, dans l'écrasante majorité, oeuvrent auprès de la personne handicapée, les évoquent et les décrivent. Ces observations et connaissances (expertes valides) orientant largement les décisions prises à l'égard de ces dernières.

Conclusion : interroger des évidences et permettre des choix

Nous avons vu que la parentalité en situation de handicap (être parent d'enfant handicapé) est associée, dans les représentations sociales dominantes, aux sentiments de culpabilité parentale naturelle et évidente. Conjointement, dans le discours social adressé à ceux qui veulent prendre le risque de faire naître un enfant handicapé, il y a, dans tous les cas, culpabilisation : d'un côté, si vous donnez naissance à un

[18] Cette disqualification du discours du témoin apparaît tout particulièrement quand des experts entendants dénoncent la réticence des sourds à l'encontre de l'implantation cochléaire généralisée des jeunes enfants comme une attitude irraisonnable relevant de la « vraie bêtise » (Virole 2004).

[19] On se référera ici aux stéréotypes classiques associant la femme à l'émotion, l'homme à la raison.

[20] Dans le contexte français, les chercheurs en situation de handicap figurent comme des exceptions statistiques : J.F. Ravaud (2004) pour le handicap moteur, M. Piot (2004) pour le handicap visuel, C. Courtin (2005) pour le handicap auditif.

enfant handicapé, vous donnez naissance à l'insupportable, au malheur, au mal, à la mort (au niveau symbolique) ; de l'autre, si vous avortez, vous décidez de supprimer un enfant handicapé, vous tuez votre bébé (l'embryon a une identité, une âme). Nous nous demanderons donc s'il est possible de sortir de cette logique de culpabilité et de culpabilisation qui entoure le champ du handicap « état qui a été transmis et qui risque de se transmettre » (Diederich 1998). De fait, « le handicap » est toujours et encore généralement appréhendé dans cette tonalité négative : « Handicap, clinique de la honte et de la culpabilité », « handicap : crime et châtiment », « Humanités altérées » etc., tels sont les titres de séminaire de recherches, de conférences ayant pour objet « le handicap »[21]. Dans ce contexte marqué, reste à savoir si la société peut entendre les divers discours et accompagner les pratiques associées. Peut-on accepter que des parents : 1) choisissent de ne pas mettre au monde un enfant handicapé (grâce à la science : conseil génétique, procréation médicalement assistée avec tri des embryons humains sur des critères génétiques, interruption de grossesse) ? 2) ne veuillent pas empêcher la naissance de leur enfant handicapé, désirent lui donner naissance, tout en ne voulant pas, eux-mêmes, l'élever (ne pas se sentir capable, ne pas avoir envie de l'élever) ? 3) envisagent l'éventualité d'avoir un enfant handicapé ? 4) choisissent, non pas d'éviter d'avoir un enfant handicapé, mais au contraire, de « tout faire pour » avoir un enfant handicapé (cas d'une femme sourde aux USA qui voulait un enfant sourd, grâce au diagnostic pré-implantatoire lors d'une PMA) ? La réaction face à ces choix dépend de plusieurs choses. Certains diront, bien évidemment, que cela dépend du handicap, si c'est un handicap lourd, grave, insupportable ou un handicap léger, supportable. Or, sans nier sa

[21] La revue *Contraste – Enfance et Handicap*, considérée comme une référence dans le champ du handicap, est particulièrement illustrative de ce fait : « La culpabilité dans tous ses états », tel est le titre du n° 11 (1999) donnant à voir la culpabilité et la honte « surcroît de souffrance semblant tarauder enfants handicapés, parents et professionnels ».

« réalité biologique », son inscription dans ou sur le corps, le handicap est objet d'interprétation individuelle et sociale (il est rapport à soi et rapport au autres). C'est pour cela que cette « réalité objective » est à interroger : pour certains, le pire c'est tel handicap, pour d'autres c'est tel autre ; pour certains, telle situation est nommée et vécue comme handicap, pour d'autres, elle ne l'est pas. Le choix parental en question n'est pas uniquement un choix individuel, il dépend aussi de la façon dont la société se représente « le handicap », est-ce uniquement par la négative (malheur, diminution pitoyables à éradiquer), ou davantage comme une différence, une spécificité acceptables ? Ou encore, le handicap est-il vu d'abord comme singularité créatrice de facultés adaptatives admirables, démontrant des formes parfois insoupçonnées du génie humain, amenant à des expériences singulières voire privilégiées ? Dans le contexte actuel où le dépistage prénatal est destiné à supprimer, où le conseil génétique est destiné à éviter, faut-il faire en sorte qu'il n'y ait plus de personnes handicapées ou faut-il faire en sorte d'accueillir ces personnes, de leur permettre de vivre dans notre société, de même que de permettre aux parents d'assumer leur rôle de parents ? C'est ici que nous sommes amenés à réfléchir sur le déficit d'accompagnement des personnes handicapées, de leurs proches et plus encore, à nous demander si les aides apportées sont celles qui sont désirées, attendues par les personnes concernées personnellement par une situation de handicap ?

Bibliographie
proposée par C. Lavigne

- Contraste – Revue Enfance et Handicap. 1999. *La culpabilité dans tous ses états*, n°11.

- Courtin, C. 2005. « Langue des signes française, français oral, langue française parlée complétée et développement de la lecture-écriture chez l'enfant sourd, quelle complémentarité ? », *La Nouvelle Revue de l'AIS*, hors série *: Enseigner et apprendre en LSF : vers une éducation bilingue*, p. 37-44.

- Diederich, N. 1998. *Stériliser le handicap mental ?* Paris, Érès.

- Iacub, M. 2002. *Penser les droits de la naissance*, Paris, Puf.

- Lavigne, C. 2007. « Interroger *l'évidence* de la scolarisation des enfants sourds en milieu ordinaire », p. 81-97. In A. Philip (coord.) *La scolarisation des élèves en situation de handicap ou de difficultés*, Suresnes, Ed.INSHEA, collec. Études.

- Lavigne, C. 2006-a. « Parents entendants d'enfants sourds et Professionnels de la surdité : rencontre ou séparation ? », *La Nouvelle Revue de l'Adaptation et de la Scolarisation*, n°34, p. 9-21.

- Lavigne, C. 2006-b. « Parents entendants d'enfants sourds et Sourds : choc de culture ou mixité sociale ? », *Contacts Sourds-Entendants*, Paris, Éd. Gers, n°1, p. 35-118.

- Lavigne, C. 2004-a. *Parentalité et Handicap : la surdité, le handicap mental et le pangolin*, Paris, CTNERHI-Puf.

- Lavigne, C. 2004-b. « Le spécifique et l'ordinaire : handicap et parentalité », *L'École des Parents- hors série : Place au handicap*, p. 12-14.

- Laplantine, F. 1986. *Anthropologie de la maladie*, Paris, Payot.

- Livneh, H. 1982. « On the origins of negatives attitudes toward people with disabilities », *Rehabilitation Litterature*, Vol. 43, n° 11-12, p. 338-347.

- Mottez, B. 2006. *Les sourds existent-ils ? Textes réunis par A. Benvenuto*, Paris, L'Harmattan.

- Piot, M. 2004. *Mes yeux s'en sont allés. Variations sur le thème des perdants la vue*, Paris, L'Harmattan.

- Ravaud, J.F., Lofaso, F. 2004. *Handicap et environnement. De l'adaptation du logement à l'accessibilité de la cité*, Paris, Frison Roche.
- Virole, B. 2004. « Les implantations cochléaires et la langue des signes. Une cohérence fondatrice », p. 166-187. In A. Gorouben et B. Virole (coord.), *Le bilinguisme aujourd'hui et demain*, Paris, CTNERHI-Gers.

« Je ne vois que d'un point, mais, dans mon existence, je suis regardé de partout »[22]

Maudy Piot[23]

Cette citation de Lacan veut introduire mon propos. Elle est le « ramassé » du difficile à écrire, à dire, elle rassemble dans cette phrase lapidaire toutes nos interrogations, nos doutes, elle nous oblige à penser.
Que signifie « je ne vois que d'un point » ? Lacan interroge le regard. Moi, ici je voudrais interroger la portée symbolique de « je ne vois que d'un point » en le rapportant au handicap. L'absence de conformité physique ou mentale se nomme différence, handicap. Cette déformation est perçue, vue par les yeux, saisie par l'œil, et l'information remonte au cerveau ; alors la machine infernale se met en marche. Toutes les angoisses, toutes les peurs font effraction dans l'imaginaire. Et « le pauvre handicapé » est condamné à être réduit à celui qui gêne, qui dérange, qui coûte cher... Celui qu'il vaut mieux éliminer pour garder un regard serein.

Ne dites pas que j'exagère !...

C'est terriblement réducteur : le sujet est condamné à ne voir que d'un point. Figure minuscule, lieu figé... Le sujet est réduit à l'immobilisme, condamné à porter des œillères. Mais, par contre, « il est regardé de partout ». L'ensemble du monde converge sur lui, il ne peut rien cacher, rien dissimuler.
L'inverse est également vrai. L'autre, inconnu, qui voit de partout, se concentre sur le point visible, ici le handicap. De partout il ne voit que le handicap et ses représentations vont bon train.

---

[22] Lacan, Séminaire, Livre 11.
[23] Psychanalyste, psychothérapeute.

« Dans mon existence, je suis regardé de partout… » Le mot existence introduit immédiatement une dimension englobant tout l'être, la durée dans le temps. Existence, exister, c'est la vie toute entière de la personne handicapée qui est regardée. Rien n'est laissé dans l'ombre, tout est vu, examiné, passé au crible… Le mot existence renforce cette pénibilité de la différence.
Foucault nous dit: « Il n'y a pas de handicap, de handicapés en dehors de structurations sociales et culturelles précises. Il n'y a pas d'attitude vis à vis du handicap en dehors d'une série de références et de structures sociétaires »[24].
Le handicap est cette singularité qui atteint le sujet en plein corps, en plein cœur et qui le réduit par le regard de la société à devenir ce point, jugé d'avance, discriminé. Le comble de son malheur c'est qu'il est vu de partout, de tous.
Il est épinglé dans sa différence, dans son imposture.
Tous peuvent voir, tous les regards convergent vers ce point unique « le handicap ».

Responsabilité de la mère

Je voudrais dire un mot de la responsabilité de chaque mère, de chaque couple qui désire avoir un enfant.
Les couples lambda sont-ils toujours conscients de l'enjeu de mettre un enfant au monde ? Pourquoi les personnes handicapées devraient elles être parfaites ? Pourquoi la société ne veut-elle que du beau selon une norme qui vient d'où ?
Quand nous abordons la problématique de la singularité, chacun de nous est interpellé, la responsabilité est interrogée, la liberté est remise en cause.
Mères parfaites, enfants parfaits, nous savons bien que non puisque toute mère peut mettre au monde un enfant handicapé.

---

[24] Cité par Henri-Jacques Stiker, « Corps infirme et société », Dunod, p. 18.

Qui peut savoir à l'avance comment il réagira à l'annonce de la différence ?
Cette interrogation sur le handicap et la maternité ne peut être résolue que cas par cas. La richesse de la singularité de l'enfant différent est une source de souffrance mais aussi de découvertes nouvelles, de richesses. La vie est bousculée par cette « originalité ». Mais aujourd'hui nous pouvons dire que le plus souvent c'est l'environnement qui rend l'autre handicapé.
Il y a des handicaps plus ou moins lourds, plus ou moins graves. La décision du choix de donner la vie ou pas reste aux parents, accompagnés par l'équipe médicale.
Aucun jugement ne peut intervenir, il s'agit d'un choix personnel, intime où la liberté de chacun doit être respectée en fonction de ce que chacun peut supporter, peut vivre.
Le handicap dérange, il est l'insupportable, il est ce détonateur qui empêche de croire que le monde est tout puissant, que la domination par la perfection est possible.
Le handicap vient rappeler que la force n'est pas dans la perfection mais dans le désir de vie.
Le handicap met au grand jour ce combat perpétuel de la pulsion de mort contre la pulsion de vie.

Pour essayer d'approcher ce qui se joue dans cette rencontre foudroyante entre pulsion de mort et pulsion de vie, pour entrevoir l'impensable entre le handicap et la norme ou le banal, je voudrais essayer de vous faire partager cette formidable puissance de la pulsion scopique.
Nous sommes bien d'accord que le handicap, la difformité, écorchent l'œil, déstabilisent par ce que l'on a « vu ». Les yeux du bien-portant restent en suspens, figés sur la différence de l'Autre. Le regard s'arrête.

La pulsion scopique est la base du donné à voir.
Cette schize entre l'oeil et le regard recoupe celle de l'imaginaire et du réel selon la logique lacanienne.

Le réel est le domaine de la pulsion qui ne se saisit que lors de sa satisfaction de la jouissance du regard ; notre mode de la perception est de l'ordre de l' imaginaire tout en étant structuré, et soutenu par le symbolique .

Lacan : « Dans notre rapport aux choses tel qu'il est constitué par la voie de la vision et ordonné dans les figures de la représentation, quelque chose glisse, part, se transmet d'étage en étage, pour y être toujours à quelque degré, élidé -c'est çà qui s'appelle le regard »[25].

Le symbolique fonctionne comme une barrière entre l'imaginaire et le réel tout en les articulant ; la structuration symbolique disjoint l'imaginaire du réel et se réduit à la relation du sujet au signifiant.

La perception est de l'ordre de l'imaginaire. Cette donnée peut-elle nous permettre de poser cette question : « ce que je vois, est-ce vraiment ce qu'il y a à voir ? »

La psychanalyse nous apprend que le champ visuel est compris dans les trois registres dégagés par Lacan : l'imaginaire du miroir, la symbolique de la perceptive, et le réel de la topologie où se trouve référé le rapport du sujet à l'objet. L'imaginaire du miroir, c'est le monde de la perception, de ce que je vois. La réalité est faite de l'imaginaire, est déterminée par le symbolique.

Chaque mère a une représentation de son enfant à naître. La représentation imaginaire, l'enfant symbolique, ne sera pas l'enfant réel qui viendra au monde.

La mère a rêvé son enfant, c'est ce travail psychique qui va lui permettre d'accueillir l'enfant réel bien vivant. L'enfant est touché par le regard de la mère, il est capté, regardé.

L'annonce d'une malformation va cheminer lentement. Au premier instant la mère regarde son enfant imaginaire, peu à peu l'enfant réel va apparaître. L'autre, l'inconnu, voit l'enfant réel et son regard se détourne.

---

[25] Lacan, Séminaire, livre 11, p.70.

La jouissance scopique qui procure cette pulsion de vie, est la jouissance de la beauté, de l'enfant imaginaire présent, reconnu dans sa perfection.
Mais la difformité, la malformation, l'absence d'un membre, un visage « pas comme il devrait être » provoquent, procurent, l'horreur. Le regard ne peut se voir que par sa disparition car toute pulsion est aussi pulsion de mort.
Le handicap est bien cette évidence de combat entre la pulsion de vie et la pulsion de mort.
Le regard de l'Autre est chargé de ce désir de mort, de disparition, il faut combattre cette horrible réalité.
Ne plus voir l'inquiétante étrangeté de l'Autre peut faire croire que la pulsion de vie domine.
Oublier la mort.
Tant de passion, tant de souffrance, tant d'amour entourent la personne singulière, le petit d'homme, que je ne pouvais esquiver ce questionnement entre pulsion de vie et pulsion de mort.

La position de l'UEA

Je voudrais dire quelques mots de la position de l'UEA[26] qui est le résultat d'une large consultation sur des questions liées à la recherche, au développement et à la pratique clinique et scientifique dans le domaine de la génétique, ainsi qu'aux facteurs environnementaux qui peuvent avoir des implications génétiques.
Les associations de personnes handicapées divergent sur le bien-fondé des applications génétiques qui visent à éliminer les affections handicapantes héréditaires ou acquises, ou à en atténuer les effets. Pour certaines associations, le handicap d'origine génétique est un phénomène naturel qui participe de la diversité du genre humain. D'autres considèrent que toutes les mesures de l'ordre du raisonnable doivent être mises en oeuvre pour éliminer les affections handicapantes, qu'elles soient héréditaires ou non, ou pour en atténuer les effets.

---

[26] Union Européenne des Aveugles.

L'UEA est une ONG d'aveugles et de malvoyants dont un grand nombre est atteint de déficiences associées, physiques, intellectuelles et/ou sensorielles (surdi-cécité). Elle se doit donc de ne pas limiter sa réflexion sur les questions de génétique aux seuls facteurs de déficience visuelle.
En ce qui concerne la grossesse et la maternité, l'UEA nous propose ceci :
Certaines affections porteuses de handicap sont héréditaires; elles peuvent être transmises aux générations suivantes. Ce risque peut être connu ou non des familles. Lorsqu'un couple se sait porteur d'une anomalie génétique transmissible à son enfant, il peut demander conseil auprès de professionnels.
L'UEA considère que : Les couples dont les enfants risquent de développer des handicaps ont droit à l'accès à des services professionnels de conseil génétique pour que soient déterminées la probabilité du risque, la nature et la gravité du handicap. S'il apparaît qu'un couple risque de mettre au monde des enfants handicapés ou susceptibles de développer un handicap, les parents ont droit à une information objective sur les implications sociales, médicales, culturelles, économiques et émotionnelles de leur décision d'avoir des enfants. Les associations de personnes partageant les mêmes caractéristiques génétiques sont probablement les mieux placées pour informer les couples à risque des implications de leurs décisions, et ce sur la base d'expériences vécues. Un couple à risque a le droit de choisir d'avoir des enfants même si un membre de la famille peut développer, ou a déjà développé, un handicap.
Dans certains cas, on peut procéder à des tests prénataux sur le fœtus pour déterminer si l'enfant à naître sera ou non porteur d'un handicap. Lorsqu'un fœtus présente des traits génétiques porteurs d'affections ou d'anomalies handicapantes, certains pays permettent aux parents d'interrompre la grossesse. Quelques pays proposent la fertilisation in vitro ou des techniques similaires pour qu'une maman à risque puisse mettre au monde un bébé en bonne santé plutôt qu'un enfant handicapé.

L'UEA considère que : Lorsque la loi le permet, une grossesse peut être interrompue au cas où les tests prénataux font apparaître que le fœtus est susceptible de développer un ou plusieurs handicaps graves, sous réserve que les deux parents aient reçu au préalable une information objective sur la nature et la gravité de ces handicaps; qu'ils aient pris la mesure des conséquences sociales, médicales, culturelles, économiques et émotionnelles liées à la décision de mettre au monde un enfant dont on sait qu'il risque d'être handicapé; qu'ils n'aient subi des pressions d'aucune sorte en faveur ou contre l'interruption de la grossesse. S'il y a désaccord entre les deux parents sur l'interruption de grossesse, la décision finale doit revenir à la femme. Lorsque la loi le permet, on peut avoir recours à la fertilisation in vitro ou à d'autres techniques du même type pour permettre à une femme de porter un bébé en bonne santé plutôt qu'un enfant susceptible de développer un handicap grave. Les tentatives de contrôle du patrimoine génétique d'une société, visant à la réduction de l'incidence ou à l'élimination des déficiences et anomalies héréditaires par le biais de méthodes telles que la stérilisation organisée, le contrôle de la reproduction ou l'avortement automatique, doivent être prohibées.
Un handicap est grave lorsqu'il n'affecte pas seulement l'apparence et lorsque les parents pensent de bonne foi qu'il peut limiter sensiblement la capacité de l'enfant ou de sa famille à s'acquitter des activités journalières.

J'ai voulu vous donner à lire un large extrait des propositions de l'UEA qui sont réalistes et éthiques. Ceci dit, la question reste entière. Que nous soyons atteintes de maladie génétique ou pas, à partir du moment où nous sommes une femme handicapée, nous sommes réduites à ce point de non retour et la société ne va pas se gêner pour nous questionner sur nos intentions, pour nous interdire le désir d'être mère, elle va nous montrer du doigt comme l'objet malfaisant susceptible d'engendrer le mauvais, le mal formé, le difforme.

Plusieurs cas se présentent. Imaginons : un couple jeune dont le père est handicapé ; ici le regard de la société sera moins critique car tout le monde sait que c'est la mère qui est « porteuse », c'est elle surtout qui est regardée. Le regard des autres n'aura pas la même charge de condamnation que si c'était une mère atteinte d'un handicap.

Un couple jeune dont la mère est handicapée : avec un beau ventre rond mais, hélas, accompagné soit de la canne blanche, soit de béquilles, soit installé (le ventre rond) dans un fauteuil roulant. Cela va soulever une angoisse chez l'autre, cela va rencontrer les fantasmes de toute mère. Fantasmes de difformité, de monstruosité, de meurtre. C'est uniquement de « ce point » que l'autre va condamner la mère handicapée pour avoir l'outrecuidance de désirer un enfant.

Un couple où les deux partenaires sont handicapées : là c'est trop ! Ce couple donne à voir ce que l'on voudrait cacher, supprimer, interdire.

Avant de parler du désir d'enfant, il faudrait interroger la sexualité des personnes handicapées. Comment peuvent elles vivre leur désir de jouissance ? Comment font-elles pour rencontrer l'Autre ?

Tant de tabous, tant de non-dits (ou de trop-dits) pèsent sur la femme handicapée. L'angoisse, tornade bruyante, envahissante, vient harceler celle qui voudrait tant être aimée dans sa différence. Le doute qui s'insinue comme un mal propre vient perturber ses certitudes de femme, le doute plus virulent que la peur vient perturber ses convictions d'être désirable.

La femme qui choisit de mettre au monde un enfant se heurte tout d'abord à ses propres limites physiques ou mentales. Il va falloir qu'elle apprivoise sa peur de sa différence, que son désir soit plus fort que l'image négative que l'Autre lui renvoie.

Son désir d'être mère triomphera, elle enfantera. L'enfant dans son regard brillera.

Mais comment changer le regard de l'Autre sur la différence, comment faire saisir que la femme handicapée est autrement capable d'élever son enfant ?
Comment effacer les représentations mentales que la femme handicapée va enfanter d'un monstre ? Lorsque la norme sociale n'est plus respectée, comment faire découvrir à l'Autre que l'on peut faire autrement, que la solidarité est là pour que la vie puisse éclater dans la différence !

Regard sur la maternité des femmes handicapées

Martine Brochen[27]

Dans la « Phénoménologie de la perception », le philosophe Merleau-Ponty a écrit : « un corps se donne à voir ». Le corps étant le premier médiateur entre soi et le monde extérieur, il « s'offre » au regard de l'autre. En l'occurrence, c'est la réalité du corps fragilisé de la personne handicapée qui induit des émotions, des réactions subjectives de la part de l'autre.
Et à une époque où la normalité est fortement marquée par des stéréotypes comme la performance, la perfection, où le corps a une valeur marchande, les personnes handicapées renvoient une image « hors norme » à la société. Au quotidien, elles peuvent encore aujourd'hui avoir un sentiment d'infantilisation, de négation, d'aliénation de leur responsabilité, de leurs capacités à « penser, dire et faire », alors qu'il est essentiel de sortir du registre de l'assistanat et de la compassion charitable et d'affirmer ses choix de vie dont le désir d'enfant fait partie.

Pourquoi vouloir un enfant ?

L'expérience de la naissance d'un enfant est à la fois universelle et singulière. Même si on a le désir, il me semble qu'on n'*est* pas mère d'emblée, on le devient et que c'est une expérience partagée par toutes les femmes, handicapées ou pas, chaque femme accueillant son enfant avec son histoire personnelle.
Mais comment une femme handicapée peut-elle avoir le droit d'être mère ?

---

[27] Mère de famille handicapée moteur, orthophoniste.

L'omniprésence du handicap ne permet pas de la voir comme une mère potentielle. Un désir normal d'enfant pour une autre femme devient un défi pour elle. Sa situation la contraint à transgresser les tabous et les stéréotypes en découlant. Bien souvent, elle *se sent dans l'obligation d'apporter la preuve* qu'elle est consciente des responsabilités prises et qu'elle est capable d'être une « bonne mère ».
Et d'abord, qu'est-ce qu'un bon parent ? Y a-t-il des critères pré-requis ?
Des témoignages de mères handicapées ont été recueillis dans des associations et lors du colloque organisé en 2003 par l'AP-HP (Assistance Publique - Hôpitaux de Paris) sur le thème de la sexualité et de la maternité des femmes handicapées moteur ; ils montrent qu'elles ont les mêmes désirs que les autres femmes bien qu'elles *vivent* leur corps de manière différente : elles veulent aimer, être aimées, former un couple, avoir un enfant.
Elles veulent avoir la liberté du choix de leur vie et les mêmes droits que les autres femmes :
- **elles veulent avoir le droit à la maternité** dans les meilleures conditions possibles avec un accès à une information spécifique sur les moyens mis à leur disposition pour accompagner leur grossesse, avec un accès aux soins et à un suivi personnalisé.
- **elles veulent avoir le droit à l'adoption** quand elles ne peuvent pas avoir d'enfant ou quand leur handicap risque d'être génétiquement transmissible. Pour aller jusqu'au bout de cette démarche, il faut une volonté sans faille car les demandes d'adoption sont nombreuses. Qu'en est-il de la demande des personnes handicapées ? En théorie, rien ne l'interdit mais il faut reconnaître que le handicap peut être un motif de refus d'adoption. La méconnaissance du handicap conduit souvent à classer le dossier d'adoption sans suite. Mais les attitudes des équipes décisionnaires sont variables d'un département à l'autre. Dans un département, la demande va être refusée alors que dans un autre, elle est acceptée, c'est déjà arrivé. Et comme les demandes d'adoption sont

importantes, les services sociaux confient plus volontiers un enfant à un couple valide. Pour les enfants « particuliers » (comme l'accueil d'une fratrie, d'un enfant âgé ou handicapé), on a tendance à proposer plus fréquemment aux parents potentiels, dont l'un des deux a un handicap, un enfant lui aussi handicapé mais pas forcément dans la même situation de handicap. Sans doute pense-t-on que l'enfant sera mieux compris mais il faut dire que peu de familles se tournent vers ces enfants.

- elles veulent avoir l'assurance du maintien du droit de garde de l'enfant dans de bonnes conditions de vie en cas d'apparition ou d'évolution de leur handicap, la relation mère/enfant étant essentielle pour le développement affectif de l'enfant.

Bien des obstacles sont à identifier pour accéder à une situation de droit. Et il faut insister sur le mot « droit ». On se rend compte qu'il peut être bafoué à travers le vécu de mamans handicapées.

Les obstacles peuvent être d'ordre matériel, l'accessibilité de tous les espaces de la vie quotidienne n'étant pas effective :

- choix du gynécologue en fonction de l'accessibilité du cabinet.
- choix des établissements accessibles pour des examens complémentaires nécessaires pour le suivi de la grossesse.
- table d'examen la plupart du temps non réglable en hauteur pour les femmes de petite taille ou ayant un handicap moteur.
- choix de la maternité avec une chambre aménagée pour accueillir la femme handicapée.

Voici quelques exemples non exhaustifs qui montrent à quel point les obstacles matériels sont nombreux, et obligent la femme handicapée à dépenser une énergie et un temps considérables pour aller au bout de ses choix de vie.

D'autres difficultés sont plus subjectives et se « vivent » à différents niveaux :

- **dans l'environnement familial,** le plus proche. Dans un souci de protection qui peut se comprendre, certaines familles n'arrivent pas à voir l'enfant devenue femme comme un sujet responsable, adulte et capable de donner la vie. Elles ont parfois peur pour la santé de leur fille ou d'avoir à assumer l'enfant à la place de la mère.
- **dans l'environnement social,** là encore, le handicap « occulte » la personne. On ne conçoit pas que les femmes handicapées puissent avoir une vie à part entière, leur déficience les rendant incompétentes et inaccessibles à une vie maternelle. On leur parle d'inconscience, d'irresponsabilité, alors que généralement le désir d'enfant a été longuement réfléchi.

Le film *Désir d'amour* (réalisé par Hélène de Crécy et Philippe Pataud) illustre de manière sensible les freins et les questions qui se posent sur la sexualité et la parentalité tant en milieu « ordinaire » qu'en milieu institutionnel.

L'impact de l'image que l'on donne à l'autre peut induire des questions et des réactions négatives.

La femme handicapée est non conforme au modèle de la femme maternante.

« Comment va être son enfant ? Ne risque-t-il pas de la rejeter ? Comment va-t-elle faire pour s'en occuper ? Alors, c'est lui qui devra lui rendre service ? »

Dans la question, il peut même y avoir un déni de la maternité : « C'est votre enfant ? » (sous-entendu : « comment a-t-elle fait ?... c'est l'enfant d'une autre femme! »)

Il est arrivé que des professionnels de la santé proposent à une jeune femme tétraplégique de mettre son enfant à la DDASS[28] jusqu'à ce qu'il soit autonome. Finalement, elle a choisi de se débrouiller sans aide sociale puisque la seule solution proposée était justement de ne pas assumer son rôle de maman.

Mais c'est vrai que devenir parent quand on a un handicap n'est pas facile. Entre le désir d'enfant et la peur de ne pas

---

[28] Direction départementale des affaires sanitaires et sociales.

pouvoir s'en occuper, le doute s'installe et c'est important de bien réfléchir à la force du désir d'enfant et de préparer son arrivée dans les meilleures conditions possibles, ne serait-ce que pour ne pas être « débordée » sur le plan matériel. Il est préférable d'avoir le soutien de l'entourage sans qu'il prenne la place de la maman, ce serait la mettre dans une position infantilisante alors qu'elle doit justement marquer son autorité d'adulte. Il est aussi essentiel de former un couple solide et responsable comme pour tous les couples d'ailleurs.

- **dans le milieu médical et médico-social,** trop peu de lieux d'accueil avec des professionnels sensibilisés aux spécificités du handicap sont prévus pour informer les femmes concernées sur la sexualité, la contraception, la régulation des naissances (comme dans le planning familial).

D'autre part, comme tout le monde, certains professionnels de la santé ont leurs limites psychologiques dans ce qui est « acceptable » pour eux. Il est arrivé que certains médecins proposent de manière abusive *la stérilisation* aux femmes, atteinte à la dignité et à l'intégrité de leur corps.

« A partir de quels critères peut-on décider si une femme handicapée peut engendrer une autre vie ? De telles questions éthiques peuvent susciter une forme de désarroi mais elles provoquent chez les personnes handicapées des sentiments de menace, de négation de leur dignité, de désaffiliation sociale. Comme si on exerçait un contrôle de qualité de vie comparable à celui que l'on pratique dans le domaine de la production. » Ce sont les propos de Charles Gardou qui s'est largement impliqué dans le domaine du handicap.

Théoriquement, la loi protège des abus de cette pratique plus fréquente qu'on ne croit.

Le 4 juillet 2001, au détour d'une loi allongeant le délai légal de l'interruption de grossesse, dans l'article 20, députés et sénateurs ont donc clarifié les règles dans lesquelles peut être pratiquée « la ligature des trompes ou des canaux déférents à visée contraceptive ».

« Le principe reste celui d'une interdiction de la stérilisation, sauf lorsqu'il existe une contre-indication médicale absolue aux méthodes de contraception ou une impossibilité avérée de les mettre en œuvre efficacement » résume Anne Caron, membre de l'Association nationale des juges d'instance. C'est au juge des tutelles qu'est confiée la charge de vérifier si ces conditions sont réunies et d'autoriser ou non l'intervention.

Dans un ouvrage intitulé *« Stériliser, le handicap »*, Nicole Diederich, chercheuse de l'Inserm, décrivait en 1998 la situation de jeunes filles handicapées mentales légères qui, vers l'âge de dix-huit ou vingt ans, avaient subi une ligature des trompes sans leur consentement. Il arrivait également que des établissements pour personnes handicapées posent leur stérilisation comme condition à leur admission alors que la loi conditionnait cette intervention à l'existence d'une « nécessité thérapeutique ».

Un film documentaire de Diane Maroger, *Maternité interdite*, illustre ce qui vient d'être évoqué. Dans ce film que Diane a tourné et qui a été diffusé sur FR3 en 2003, Nathalie, une jeune femme IMC (infirmité motrice cérébrale) parle de la pression de sa mère pour qu'elle se fasse stériliser en clinique avec la complicité d'un médecin de famille. Elle et son ami voulaient quitter l'institution dans laquelle ils vivaient tous les deux pour se marier. Comme elle était sous tutelle parentale, Nathalie a cédé à l'insistance de sa mère et du médecin qui lui ont demandé d'accepter la stérilisation pour pouvoir se marier[29].

Une dizaine d'années plus tard, le couple a pu prendre de la distance par rapport à la mainmise de la mère de Nathalie sur leur vie privée. A l'époque, vivant en milieu clos (famille et institution), ni l'un ni l'autre ne connaissait ses droits et encore moins ne savait *comment se protéger*. Aujourd'hui, dans une vie autonome conquise en surmontant bien des obstacles, ce couple a acquis la maturité et les informations suffisantes pour réagir. Certes, la blessure et l'impossibilité d'avoir pu dire non sont toujours présentes mais Nathalie a

---

[29] Voir plus haut l'article de Nicole Diederich, p.19.

pu entreprendre des démarches légales pour se dégager de la tutelle parentale pour que son mari et elle puissent retrouver leur dignité et leur liberté de choix de vie d'adultes responsables. Depuis, Nathalie a voulu un enfant et a fait une PMA (procréation médicalement assistée) qui a échoué, il est probable que sa stérilisation ait participé à cet échec. Puis le couple a entrepris deux démarches pour adopter un enfant, toutes les deux ont été refusées.
A travers cette histoire, on peut comprendre qu'il est essentiel de sortir les personnes handicapées de cette logique d'assistanat et d'aliénation de leur libre arbitre.

Nous venons de parler du regard des autres mais nous pouvons aussi parler du regard que la femme handicapée porte sur sa propre vie. L'interaction « moi, les autres », « les autres, moi », est constante.
La barrière peut venir de la femme handicapée. Le handicap l'affecte dans son identité et dans sa capacité à être mère. Il faut faire « avec » la blessure narcissique. Face à une société peu accueillante qui renvoie une image négative, comment se construire et avoir une *bonne estime de soi ?*
L'image que l'on a de son corps induit le manque de confiance en soi, le doute, la culpabilité : « Ai-je le droit d'avoir un enfant ? » Les pressions familiales, sociales ou médicales peuvent participer à cette altération de l'estime de soi.
Et puis sa propre dépendance peut renvoyer la femme handicapée à la dépendance du bébé qu'il faut assumer. « Avec mes incapacités, comment vais-je pouvoir m'occuper de mon enfant ? » En écoutant l'expérience des mamans handicapées, on constate qu'avec de l'ingéniosité et des astuces pour contourner les difficultés, on peut trouver des solutions. Il faut faire confiance à l'enfant qui construit ses repères par rapport à ce qu'il découvre de la vie. Il n'a aucun a priori, aucune habitude, il a donc une grande faculté d'adaptation à son lieu de vie le plus proche, sa famille. Un film « *Portrait de famille* » réalisé par l'AP-HP (Assistance

Publique - Hôpitaux de Paris) illustre bien ce propos: on y voit vivre un couple paraplégique avec leur bébé, on voit comment la maman a adapté ses gestes et son environnement pour s'occuper de son enfant.

Pour pallier le manque d'informations, des associations ont créé des groupes de parole où des mères handicapées, des femmes enceintes ou ayant un projet de grossesse échangent leurs expériences, leurs craintes, leurs astuces. Cela peut les conforter dans la légitimité de leur désir d'enfant. Parmi ces associations peu nombreuses, on peut citer *« Groupe de parents handicapés »* à Rennes.

Un projet intéressant a été réalisé au Québec dans le centre de réadaptation Lucie Bruneau à Montréal. Le programme mis en place depuis 1996 s'appelle *« Bébé boom »* et développe l'objectif d'intégration sociale dont la fondation d'une famille fait partie, le but étant que les personnes handicapées puissent exercer leur parentalité le plus normalement et avec le plus d'autonomie possible. Le centre propose du matériel de puériculture adapté à différents types de handicap sous forme de banque de prêt, le matériel est prêté aux parents et s'enrichit des expériences et des innovations de chacun et chacune.

En France, Marie Ladret, une ergothérapeute de la Caisse Régionale d'Assurance Maladie d'Ile de France, essaie d'avoir le même genre de démarche pour proposer du matériel adapté, presque inexistant sur le marché, ou à des prix prohibitifs.

Quand on est conscient de la responsabilité engagée, vouloir un enfant, que l'on soit handicapé ou pas, est un droit légitime que l'on doit pouvoir réaliser dans les meilleures conditions possibles. Avoir un enfant fait « grandir » chacun de nous et bien souvent la maternité, ou de manière plus élargie la parentalité, permet à la femme handicapée de mieux vivre la blessure narcissique induite par son handicap.

Corps altéré et sidération du regard [30]

Danielle Moyse

En quoi l'altération du corps arrête-elle ou peut-elle arrêter la rencontre avec un être humain ? Ce phénomène n'est-il pas encore renforcé lorsqu'une anomalie est perçue chez un enfant à naître par le moyen d'une échographie ? Comment dépasser cette sidération du regard que peut provoquer la perception d'un « *handicap* », ou simplement une apparence corporelle peu ordinaire ? Telles sont les questions abordées dans ce texte.

La première d'entre elles aurait pu être de saison en n'importe quelle époque puisque l'histoire de l'infirmité est aussi vieille que celle de l'humanité. Mais la deuxième désigne en revanche une difficulté « *éthique* », au sens le plus fort de ce mot, tout à fait inédite, s'il s'agit de se demander cette fois en quoi la perception anténatale d'une anomalie peut arrêter ce même regard. En effet, la connaissance avant la naissance de certaines caractéristiques du corps de l'enfant à naître, ou plus généralement de son état physique ou mental, modifie, avec d'autres techniques intervenant autour de la procréation, de façon profonde, le séjour de l'homme en ce monde. Or, si l'éthique est ce qui nous invite à examiner ce séjour, il est certain que toutes les techniques entourant la procréation appellent éminemment un pareil examen, puisque nous soupçonnons bien que de notre venue au monde, et de l'éventuel bouleversement de cette « *venue* » par l'intervention croissante des techniques périnatales dépendra

[30] Ce texte était initialement la conférence faite lors d'une journée de formation des professeurs de philosophie de l'Académie de Lille organisée par M.D. Ville sur la question du corps. D. Moyse est membre associée du Centre d'étude des mouvements sociaux - Professeure agrégée de philosophie.

bien entendu le séjour que nous pourrons faire sur cette terre. Les questions relatives au dépistage prénatal des anomalies s'inscrivent par conséquent dans un ensemble d'autres questions concernant la « *maîtrise de la procréation* », l'artificialisation de la naissance, la « *procréation médicalement assistée* », etc.
Je m'en tiendrai toutefois ici à cette seule question : en quoi la perception anténatale d'une anomalie peut-elle arrêter notre regard ? Mais avant d'y venir, je commencerai par celle que j'ai désignée comme contemporaine à toute époque de l'humanité : pourquoi la perception d'une anomalie peut-elle arrêter le regard que nous portons sur l'être humain ?

***

Qu'un certain regard porté sur un homme atteint d'une malformation puisse porter atteinte à son humanité, et même peut-être le tuer, le film de David Lynch, *The Elephant man*,[31] le montre à plusieurs reprises avec une grande force. Nous pouvons d'abord penser à cet épisode où John, auquel son visage déformé a valu son terrible surnom, est poursuivi dans une gare par une foule de gamins, jusqu'au moment où il s'écrie pour arrêter l'agression qu'il sent venir et qui est déjà présente du fait même de cette prise en chasse : « *je suis un être humain, je suis un être humain* ! » Mais c'est surtout, de façon moins évidente, mais peut-être plus intéressante, la fin du film, riche d'enseignement quant aux potentialités destructrices de certains regards portés sur l'être d'un homme. John finit ce qu'on peut considérer comme son chef d'œuvre : une église miniature construite patiemment par ses soins avec des allumettes. Puis il se couche et nous savons qu'il ne se relèvera pas car les déformations de son crâne provoquent une compression organique qui ne lui permet pas de s'allonger. Pourtant, que se passe-t-il lors de la scène précédente ? Paradoxalement, le médecin humaniste qui l'avait pris sous sa protection, et lui avait apparemment permis d'échapper au rôle infamant de monstre de foire que

[31] Lynch D., 1980.

son « *propriétaire* » se croyait autorisé à lui faire jouer, l'emmène un soir au théâtre à une représentation à l'issue de laquelle l'actrice vedette qui était déjà venue lui rendre visite, annonce au public qu'elle dédie la création qui vient d'avoir lieu à son « *ami John* » qui est assis dans une loge du premier balcon. Le public, curieux, se lève et se met à applaudir le « *phénomène* » vers lequel se penche son protecteur en lui disant : « *levez-vous John, ils veulent vous voir* ! » Comprenant peut-être alors qu'il ne sera jamais qu'une monstruosité à exhiber (fût-elle battue par un « *propriétaire* » brutal ou choyée par un riche médecin au bon cœur), John se couche pour ne plus se relever.

Ainsi, cet épisode manifeste-t-il de façon radicale comment à *vouloir* voir l'autre, au lieu de s'effacer devant sa vérité, et à se laisser aller à cette « *tendance naturelle à* **le** *réduire à ce qu'il offre à notre regard* » dont parlait Paul Valéry, il devient justement impossible de *le* voir tel qu'il est et non tel qu'il a l'apparence d'être. A tel point qu'il en est nié, et même, en l'occurrence, concrètement anéanti. Et loin s'en faut malheureusement que ce film, qui raconte une histoire se déroulant au 19ème siècle, nous renvoie à une « *manière de voir* » qui soit de pure fiction ou qui serait désormais révolue. L'écrivain Marcel Nuss, qui est atteint d'une amyotrophie spinale qui marque très visiblement son corps, écrit à ce propos : « *On ne naît pas handicapé, on le devient par le regard des autres. Une telle affirmation peut paraître incongrue pour qui n'a pas éprouvé les effets inquisiteurs et réducteurs de regards posés sur soi, sur sa déchéance. Hélas, elle n'est qu'une désolante vérité qui résulte du fait qu'altérité et dégénérescence choquent et sidèrent la vue !* » et il raconte alors qu'il lui arrive de croiser des gens qui, surpris par son apparence, reviennent sur leurs pas pour le *voir*, et combien il lui faut faire d'effort pour se ressaisir sous ce regard proprement assassin[32].

---

[32] Nuss M., *Un autre regard*, Cahiers médico-sociaux, 4ème trimestre 2001, Suisse.

Et s'il ne se fait pas toujours aussi caricaturalement voyeur, la question du regard que les autres portent sur eux, reste incontestablement un thème récurrent des témoignages de ceux qui sont atteints dans l'intégrité de leur corps ou de leurs capacités intellectuelles, et beaucoup affirment que le regard qu'on porte sur eux ou sur leurs proches est tout aussi pesant, parfois davantage encore, que la déficience la plus médicalement attestée. Ainsi, au cours d'une émission sur France culture[33], un jeune homme déclara-t-il que ce qui le gênait, c'était moins le fait d'avoir des parents désignés comme « *handicapés mentaux* » que « *le regard des autres* ». En effet, si regarder l'autre est un des moyens par lesquels nous le percevons, regarder n'est pourtant pas simplement une simple saisie par le sens de la vue : cette saisie procède bien souvent d'une certaine appréciation de l'autre et aboutit encore généralement à une forme d'*évaluation*. Comme nulle autre perception, le regard comporte une dimension axiologique. Cela est même le cas au point que dans les façons de parler, dans les «*jeux de langages* », comme dit Wittgenstein, le substantif « *regard* » est tellement équivalent à celui de « *jugement* », que la dimension à proprement parler perceptive du « *regard* » est souvent purement et simplement escamotée.

Ainsi, Xavier Mirabel, le porte-parole des deux cents familles qui ont porté plainte contre l'Etat à la suite de l'arrêt Perruche[34], justifiait notamment cette démarche par la

---

[33] Emission d'Antoine Mercier, 29 avril 2001, sur l'affectivité et la parentalité des « *personnes handicapées mentales* ».

[34] Le 17 novembre 2000, la Cour de Cassation indemnisait Nicolas Perruche parce que sa mère n'avait pu recourir à une interruption médicale de grossesse autorisée jusqu'à la naissance par le code français de la santé publique en cas de détection « *d'une anomalie d'une particulière gravité, incurable au moment du diagnostic* ». Or, Madame Perruche avait contracté la rubéole durant sa grossesse et avait manifesté le désir de recourir à un avortement si l'enfant dont elle était porteuse était contaminé, étant donné que la rubéole peut occasionner des déficiences, parfois sévères, chez l'enfant à naître. Une erreur de laboratoire ayant déclaré Madame Perruche immunisée, celle-ci avait néanmoins poursuivi sa grossesse. Nicolas Perruche est pourtant né sévèrement handicapé.

volonté de protester contre « *un certain regard porté par plusieurs magistrats sur* ***leurs*** *enfants* », regard en effet si dépréciateur qu'il présuppose la vie d'une « *personne handicapée* » si dépourvue d'intérêt qu'elle ne pourrait qu'être animée du désir d'en finir. Or, en dénonçant ce « *regard porté sur* ***leurs*** *enfants* », les parents de ce « *collectif contre l'handiphobie* », tel est son nom, ne visaient évidemment pas un acte de perception effective, mais le *jugement* implicitement porté sur « *les personnes handicapées* » par l'arrêt Perruche, quelles que soient ses bonnes intentions[35].

Reste que les « *jeux de langage* » présupposant toujours des manières d'être ou des « *formes de vie* », comme dit encore Wittgenstein, ce n'est pas un hasard si, évoquant le jugement par lequel on apprécie ou déprécie quelqu'un, il arrive fréquemment qu'on parle du « *regard* » qu'on porte sur lui, comme si, inversement, voir l'autre équivalait toujours plus ou moins à l'évaluer, évaluation ayant pour particularité de se fonder sur l'impression qu'il nous donne à partir de son apparence, laquelle, rarement neutre, est « *bonne* » ou « *mauvaise* ». Dimension axiologique du regard, dimension perceptive du jugement !

En effet, comme le note Maurice Merleau-Ponty, « *nous sommes au monde par notre corps* », et notre rencontre avec

---

Après avoir obtenu une indemnisation pour elle-même, madame Perruche avait ensuite demandé une indemnisation pour Nicolas. Indemnisation très importante accordée par la cour de cassation le 17 novembre 2000. Cette décision, prise par la plus haute autorité judiciaire française, souleva une considérable controverse parmi les juristes, les médecins et les associations de personnes handicapées. Plusieurs d'entre elles, y voyaient une déclaration eugéniste sous entendant qu'il vaut mieux ne pas naître que naître handicapé ! En effet, Nicolas avait en somme été indemnisé parce qu'il n'avait pu être avorté. Le 4 mars 2002, le parlement français a fait voter un article de loi récusant la jurisprudence Perruche, mais à ce jour (en mai 2006), des « *actions de naissance préjudiciable* » (wrongful birth en droit anglo-saxon) sont encore en cours en France.

[35] Puisqu'il était question d'apporter à l'enfant les sommes d'argent que la société ne lui donne pas spontanément pour lui assurer une éducation décente.

les autres et avec les choses n'est jamais désincarnée. C'est donc inévitablement à l'occasion d'un ensemble de perceptions que s'établit notamment le contact avec eux. *« C'est par mon corps que je perçois autrui comme c'est par mon corps que je perçois des choses »*[36], écrit Merleau-Ponty. D'où l'insistance de Pascal sur le prestige qu'a l'apparence d'autrui sur notre façon de l'appréhender, que nous soyons superficiels ou sages ! *« Ne diriez-vous pas,* écrit-il, *que ce magistrat...se gouverne par une raison pure et sublime et qu'il juge des choses par leur nature sans s'arrêter à ces vaines circonstances qui ne blessent que l'imagination des faibles. Voyez-le entrer dans un sermon*[37] *où il apporte un zèle tout dévot renforçant la solidité de sa raison par l'ardeur de sa charité [...] Que le prédicateur vienne à paraître, si la nature lui a donné une voix enrouée et un tour de visage bizarre, que son barbier l'ait mal rasé, si le hasard l'a encore barbouillé de surcroît, quelque grande vérité qu'il annonce, je parie la perte de la gravité de notre sénateur »*[38]. Ainsi, cela fait-il partie de notre condition que de rencontrer l'autre par la perception et d'être agréablement ou désagréablement *impressionnés* par cette dernière. Et s'il suffit qu'un texte nous soit mal lu pour que sa beauté nous devienne plus inaccessible, il est tout aussi certain qu'une impression désagréable donnée par la façon dont, en raison de ses dispositions corporelles, l'autre se présente à nous, peut arrêter notre regard et nous priver parfois, au moins momentanément, de toute rencontre possible avec lui.
Ainsi, Shakespeare demandait-il dans *Hamlet* : *« Comment se fait-il qu'une différence unique et de hasard, inscrite dans le corps d'un homme, annule et fasse disparaître toutes ses*

---

[36] Merleau-Ponty M., 1ère Ed. 1945, Paris, Gallimard ; Edition citée, Paris, Tel Gallimard 1976, *Phénoménologie de la perception*, p.216.
[37] C'est-à-dire prêt à écouter ce sermon.
[38] Pascal B., Paris, Ed. Garnier, 1965, Fragment 82, conforme à l' éd. Brunschvicg, 1904-1914, *Pensées.*, p.95.

autres qualités de caractère ou de fortune ? »[39] Une telle annulation est-elle fatale et définitive ? Qu'est-ce qui, au contraire, dans un contexte donné, renforce ou minimise un tel phénomène ? Le stigmate provoqué par une déficience arrête-t-il toujours, et chez n'importe qui, le regard, ou bien une éducation de celui-ci est-elle possible qui nous permette enfin de nous voir les uns les autres ?
Loin s'en faut en réalité que la perception soit une « *saisie objective* » de ce qui est perçu. Nous ne voyons pas d'abord les autres ou les choses telles qu'ils sont, mais à partir de ce que nous « *sommes* » ou plus exactement avons l'habitude d'être. Certains croient pouvoir s'assurer de la justesse d'une conviction ou d'une croyance par « *ce qu'ils voient* », mais ils négligent alors que nous ne voyons que ce que nous sommes préparés à voir, et de la manière dont nous avons l'habitude de voir.
De sorte qu'il nous faut d'abord nous garder de croire que nous voyons tous la même chose et que nous est livré au premier regard l'autre, la chose ou la situation que nous percevons. Si tel était le cas, comment pourrait-on encore comprendre que le même Marcel Nuss, dont je signalais tout à l'heure qu'il se plaignait que des passants reviennent sur leurs pas pour le dévisager (au sens fort du mot qui peut signifier : enlever tout visage), ait pourtant suscité de la part de son épouse la remarque suivante : « *Ah moi son corps ? Non, il n'y a pas de problème, je le trouve beau.* » Des réactions si diamétralement opposées font évidemment voler en éclat l'hypothèse d'une saisie de l'autre tel qu'en lui-même et qui nous amènerait tous à le percevoir de la même façon, par l'entremise des sens.

Reprenons alors la question de Shakespeare : Comment peut-il se faire qu'une différence inscrite dans le corps d'un homme éclipse souvent toutes ses autres qualités et que se passe-t-il lorsque nous percevons quelque chose ou quelqu'un

---

[39] Shakespeare W., Ed de 1964, *Hamlet*, traduction de François-Victor Hugo, Ed Garnier-Flammarion.

qui ne se produirait plus lorsque ce qui est perçu n'a plus une apparence ordinaire ?
Dans la *phénoménologie de la perception*, Merleau-Ponty décrit la façon dont le regard se fixe, ou plutôt *ne se fixe pas* sur un des aspects de la chose perçue, et sur lequel il se porte d'abord. Le philosophe montre en fait comment voir quelque chose, c'est bien sûr arrêter son regard sur l'un de ces aspects, mais de telle manière que les autres demeurent présents à titre d'habitation potentielle du regard. La finitude de celui-ci veut que nous ne voyions jamais quoi que ce soit que « *d'un certain point de vue* » et « *sous un certain angle* », mais de façon qu'il puisse néanmoins *glisser* sur ce qui est vu et l'appréhender sous un autre.
Voir, c'est en fait toujours appuyer son regard en un point tandis que les autres éléments de ce qui est vu sont relégués en toile de fond jusqu'au moment où, déplaçant mon regard, ce qui en constitue actuellement le point d'ancrage devienne à son tour arrière fond sur lequel se détachera l'aspect qui *se montrera* alors. « *Dans la vision,* écrit Merleau-Ponty, *j'appuie mon regard sur un fragment du paysage, il s'anime et se déploie, les autres objets reculent en marge et entrent en sommeil, mais ils ne cessent pas d'être là.*[40] »[41] « *Voir un objet,* dit-il encore, *c'est ou bien l'avoir en marge du champ visuel et pouvoir le fixer, ou bien répondre effectivement à cette sollicitation en le fixant. Quand je le fixe, je m'ancre en lui, mais cet 'arrêt' du regard n'est qu'une modalité de son mouvement : je continue à l'intérieur d'un objet l'exploration qui, tout à l'heure, les survolait tous ; d'un seul mouvement*[42] *je referme le paysage et j'ouvre l'objet.* »[43]
En conséquence, regarder une chose pour la voir véritablement, c'est ne jamais poser sur elle un regard qui s'arrêterait à une des faces qu'elle nous présente et savoir

---

[40] Nous soulignons.
[41] Merleau-Ponty M., *Phénoménologie de la perception,* Paris, éd. Tel Gallimard, p.82.
[42] Nous soulignons.
[43] Ibid., p. 81.

qu'en se montrant, elle se dérobe en même temps à toute prétention à l'appropriation : *« Chaque aspect de la chose qui tombe sous notre perception n'est encore qu'une invitation à percevoir au-delà et qu'un arrêt momentané dans le processus perceptif. Si la chose même était atteinte, elle serait désormais étalée devant nous et sans mystère. Elle cesserait d'exister comme chose au moment même où nous croirions la posséder. Ce qui fait la ' réalité' de la chose est donc justement ce qui la dérobe à notre possession. »* [44]
Regarder vraiment, ce serait donc d'abord, cesser de succomber à l'illusion d'une saisie du « *tout* » par le regard. Faute de quoi, voir ne peut que signifier : porter atteinte à ce qui est vu. Malheureusement, loin s'en faut que l'illusion d'un « *tout voir* » ait desserré son emprise, dans un contexte où la télévision accrédite par exemple désormais régulièrement l'idée qu'en plaçant des jeunes gens dans un lieu clos, il est possible de les « *avoir sous les yeux* » pour que d'eux, *tout* nous soit dévoilé pendant une période de quelques jours ou de quelques semaines[45]. D'où la déception inévitable de bien des gens frappés du fait qu'en réalité, et au bout du compte, *« on ne voit pas grand-chose »*. Caricature du voyeurisme en fait le plus impropre à voir ce qui devrait être vu, à commencer par ceci : voir d'une manière vraiment voyante, c'est surtout ne jamais croire que, quel que soit ce qui est perçu, on a *tout* vu, alors que ce qui s'offre à notre regard, se dérobe au même moment en une insaisissable absence. Merleau-Ponty parle encore à ce propos de la *« présence irrécusable de la chose et l'absence en laquelle elle se retranche. »*[46]
Il ajoute que ce qui est vrai de la position spatiale de l'objet, l'est également de sa dimension temporelle : chaque chose,

---

[44] Ibid., p.269-270.
[45] Des émissions de « *télé réalité* » ont, en France comme dans bien d'autres pays occidentaux, un succès croissant. Des personnalités artistiques ou politiques, des intellectuels y sont par exemple interrogés sur les détails les plus intimes de leur sexualité !!
[46] Ibid.

loin d'être réduite à ce qu'elle me présente sur le moment, porte en elle ce qu'elle a été et ce qu'elle *pourra* être. Ainsi les choses nous ouvrent-elles à la fois au passé dont elles viennent et à l'avenir auquel elles nous convient.
Or, ce qui peut être dit de « *la chose* » peut évidemment l'être à propos d'un homme ou d'une femme, suivant les modalités spécifiques de leur rapport au passé ou à l'avenir. En effet, si la chose manifeste le passé dont elle est issue et porte déjà l'avenir auquel son existence et sa permanence nous appellent déjà, l'être humain est quant à lui ouvert à ce qu'il a été et à ce qu'il peut être. Dès qu'il vient au monde, il est déjà davantage qu'un être réduit au moment de sa naissance, comme l'indique d'ailleurs l'expression de venue - au - monde qui signale que naître, c'est s'inscrire d'emblée dans un monde qui nous précède, s'est constitué sans nous, mais dont nous sommes pourtant aussitôt partie prenante.
Par conséquent, *voir* un être humain, c'est d'abord ne le limiter, ne le réduire jamais à ce qu'il nous montre, mais d'abord prendre conscience du fait que, au delà de ce qui se présente, ce qui le constitue s'y dérobe sans pour autant cesser d'être là. Pourquoi le regard porté sur John dans *Elephant man* est-il assassin ? parce qu'il oublie à quel point sa *fixation* sur la seule disgrâce physique du personnage annule l'énigme inaliénable qu'est un être humain, quelles que soient nos « *connaissances* » à son sujet.

Revenons dès lors à notre question initiale : en quoi l'altération du corps arrête-t-elle la rencontre avec l'autre ? Et abordons la question qui lui est implicite et qui, humainement, nous importe en l'occurrence le plus quant à notre habitation, ou à notre co-habitation sur la terre, à savoir: Comment dépasser cette sidération du regard par la « *déficience* » inscrite dans le corps de l'autre ? Et risquons-nous à l'évocation de quelques pistes destinées à libérer notre regard et, surtout, à libérer les personnes concernées de la violence du regard que nous sommes habitués à porter les uns sur les autres, et qui menace plus que les autres les êtres que

leur apparence fait apparaître à leurs semblables d'une manière qui bouscule leurs perceptions habituelles.
Si c'est effectivement de cela qu'il s'agit, plusieurs voies peuvent probablement s'ouvrir pour que le regard porté sur ceux qui nous apparaissent de façon peu coutumière ne soient pas meurtris par des regards qui ne savent que s'arrêter à un aspect des choses et des êtres, c'est-à-dire, qui ne savent pas regarder. Or, dans la mesure où de nombreux hommes et femmes atteints de diverses déficiences affirment que leur « *handicap* » est moins difficile à vivre pour eux que le regard porté par les autres sur ce « *handicap* », s'il est vrai que le regard s'éduque et que l'humanité d'un être ne se constate pas, mais se donne, alors sans doute, faut-il pour y parvenir faire feu de tout bois ! Faut-il par exemple, rendre à une apparence une certaine ordinarité quand elle choque ou sidère la vue ? Faut-il au contraire habituer notre regard aux aspects les moins ordinaires que peut présenter un être ? Sans doute chacune de ces voies ne doit-elle pas être exclue par l'autre ! Par exemple, revenons à Pascal qui, avec la profondeur et la simplicité qui font sa grandeur, nous rappelle que nous pouvons être privés de l'accès à la plus grande des vérités énoncée par un discours, si le prédicateur a simplement une voix enrouée ou s'il est mal rasé ! Quel enseignement devons-nous en tirer quant à notre « *psychologie* » ? Quelle leçon d'ordre pratique pouvons-nous en déduire ? La leçon concernant notre psychologie, c'est évidemment qu'il nous faut peu de choses pour être détournés de l'être de ce et de ceux qui nous *apparaissent* ! On devra peut-être en déduire des leçons opposées : à la fois, en luttant contre cette fragilité après en avoir pris conscience, en apprenant à ne pas nous laisser détourner de l'essentiel par les apparences ; mais aussi, peut-être, en essayant de ne pas rajouter des éléments qui pourraient renforcer l'*arrêt* de notre regard. Ainsi, par exemple (toujours dans la perspective du texte de Pascal), s'il ne faut pas grand-chose pour *obstruer* la vue, alors, peut-être ne faut-il pas grand-chose non plus pour la *désobstruer*.

Il arrive que le travail sur le vêtement, sur le maquillage puisse avoir des effets inattendus sur la perception que les autres auront d'un être porteur d'une difformité. Evidemment, il ne faut pas que cela devienne ridicule et que le vêtement ou le maquillage soit totalement inadéquat au point de renforcer le stigmate au lieu de l'atténuer ou de le rendre plus recevable au regard de l'autre. Rappelons ainsi cette scène admirable qui finit le superbe film *Mort à Venise* [47] de Visconti où l'on voit le personnage interprété par Dirk Bogarde qui, ayant atteint un âge certain, alors qu'il veut séduire le jeune Tadzio, en vient à se teindre les cheveux et à se maquiller. Or, on voit le maquillage et la teinture fondre sur ce visage marqué qui, loin d'en apparaître plus jeune, se révèle au contraire pathétiquement incapable d'apparaître dans la beauté que néanmoins il pourrait avoir ! Autrement dit, le travail sur l'apparence du corps relève du plus grand art, et loin s'en faut que la « *normalisation* » d'une apparence peu ordinaire soit toujours la voie la plus à même de *libérer le regard*, de ce qui l'entrave. Néanmoins, quand, dans des « *institutions spécialisées* », tous les résidants sont affublés, pour des raisons de commodités du même survêtement inélégant, il y a peu de chances que cela favorise un regard accueillant à la « *différence* » des êtres concernés.
La question du travail sur les apparences est néanmoins une question délicate. Devons-nous opérer les enfants trisomiques pour que leur visage ne paraisse plus être celui d'un enfant trisomique ? Cela ne relève-t-il pas d'une pression normative peu à même de favoriser la libération du regard qui nous occupe ici ? Mais, quand le visage est véritablement altéré, ne devons-nous pas au contraire accueillir avec enthousiasme les progrès parfois impressionnants de la chirurgie esthétique ? Sans doute répondrions-nous positivement sans aucune réserve si celle-ci ne s'était en grande partie développée à l'occasion de la multiplication, elle inadmissible, de ceux que, au lendemain de la Grande Guerre le colonel Picot (1862-

---

[47] Visconti Luchino, 1971.

1938) avait appelé en 1921, à l'Union des blessés de la face qu'il présidait, les « *gueules cassées* ».
Reste que si l'altération du visage ou du corps peut évidemment appeler d'heureuses réparations, la question suivante reste malgré tout ouverte, particulièrement quand des hommes et des femmes ont, quant à eux, appris à se construire avec un corps peu ordinaire : Devons-nous apprendre à nous fondre dans le décor pour ne pas être « *regardé de travers* », ou au contraire notre regard doit-il s'habituer à un décor qui présente des aspérités et qui, en l'occurrence, « *tombe* » sur des êtres qui, pour être nos semblables, n'ont pas l'apparence de tous ? Telle est la question ! Entendant que le Conseil National Supérieur du Handicap présidé en France par Julia Kristeva s'était notamment donné pour mission de « *changer le regard* » porté sur les « *personnes handicapées* », Juliette Schmitt psychanalyste, elle-même atteinte d'une « *maladie des os de verre* » qui marque très visiblement son corps, m'avait dit lors d'un entretien : *« Il y a une chose bien simple pour changer le regard sur nous, c'est que les gens soient habitués à nous voir. »* Et elle avait ajouté : *« Si l'on ne peut aller ni à l'école, ni dans les restaurants, ni dans les cinémas, ni nulle part ailleurs, il est évident que ce regard sera toujours heurté par notre présence. »* De sorte que la pleine participation sociale de ces hommes et de ces femmes est la première des conditions susceptibles de libérer notre propre regard et de libérer ces personnes de ce regard.
Il est certain que le changement de regard se travaille, se prépare. Il est sûr, autrement dit, que ce regard changera par une éducation et non par une prescription. Et cette éducation, comme toutes les autres, ne pourra que passer par l'habitude de voir, de fréquenter des hommes et des femmes qui possèdent un corps peu ordinaire. Et c'est cette habitude même qui permettra peut-être alors de déplacer notre regard du stigmate, de la déficience, vers l'être de ceux qui en sont porteurs. Marcel Nuss, dont l'apparence *arrête* effectivement le regard dans un premier temps, fait ensuite très rapidement

oublier cette apparence dès qu'on se laisse aborder par son étonnante présence qui laisse alors apparaître tout autre chose de lui que son corps immobile et inhabituel. Nous devons ainsi travailler à ce que puissent apparaître des qualités, des particularités, susceptibles de faire décrocher le regard de ce qui l'avait d'abord sidéré.

A cet égard, il ne faut pas non plus minimiser les possibilités relationnelles qu'auront offert à certaines personnes les voies nouvelles de correspondance, en particulier électronique. Car nombre de personnes que leur corps empêche de parler aisément, en particulier en cas d'infirmité motrice cérébrale[48], ont trouvé dans le courrier électronique, un premier moyen d'entrer en lien avec autrui. Bien sûr, rien ne peut remplacer le rapport de présence effectif à l'autre par la rencontre physique de nos corps respectifs, mais pour apprivoiser notre regard, ou pour habituer ce regard à dépasser certains stigmates et faire en sorte que ces stigmates ne l'arrêtent pas, il est important que le contact non direct nous apprenne parfois par avance que l'autre ne se réduit pas à ce qu'il va nous montrer par son corps.

Bien des choses pourraient encore être dites sur cette éducation du regard que je m'efforce d'évoquer ici. Et, pour aborder la seconde des grandes questions que j'ai annoncées au départ, il est important de bien comprendre que le dépistage anténatal des anomalies se développe dans un contexte où cette éducation *n'a pas eu lieu* : ni l'éducation du regard porté sur ceux qui ont un corps peu ordinaire, ni l'éducation du regard que nous portons les uns sur les autres en général ! Ainsi, est il peu probable que le « *changement de regard porté sur les personnes handicapées* » auquel aspirent un grand nombre d'hommes et de femmes atteints dans l'intégrité de leur corps soit possible sans que nous ayons

---

[48] Dernière déficience que, en français, l'on désigne encore par le terme d' « *infirmité* », cette déficience provoque une grande difficulté dans la maîtrise des gestes, mais contrairement à ce que ce nom indique laisse intactes les capacités intellectuelles.

appris à libérer ce regard de ce qui, bien au delà des « *handicaps* », peut l'arrêter.

***

Il n'est donc pas bien étonnant que les techniques de vision et d'investigation prénatale puissent contribuer à cette réduction du regard porté sur l'être futur, et que des décisions de justice qui osent parler de *« vies préjudiciables »* avec une singulière amnésie historique, en soient tout du moins la manifestation en même temps que la ratification et le renforcement.
Me rapportant son expérience, le père d'une petite fille atteinte de trisomie 21 m'avait dit : *« Avant la naissance, heureusement, nous n'avons pas su. Mais à la naissance, j'ai vu tout de suite. »*[49] Comme je lui demandais : *« Qu'est-ce qui vous a alors aidé ? »*, il m'a répondu : *« Le fait d'avoir pu la toucher, la prendre dans mes bras. Ensuite, ses frères et sœurs pour qui c'était d'abord, la 'petite sœur', et non ' une enfant trisomique' »*. De sorte que, à en croire ce témoignage, ce qui a pu libérer cette petite fille du regard qui aurait pu être porté sur sa seule déficience par ses propres parents, cela a été la possibilité de sentir qu'elle était d'abord une enfant ayant un corps d'enfant, des frères et sœurs et non *« un enfant trisomique »*, comme si son existence entière absorbait sa déficience, au lieu que cette dernière l'ait anéantit si l'on n'avait pu voir qu'elle.

Bien entendu, on peut supposer que le savoir prénatal d'une anomalie devrait permettre de s'y préparer et donc d'atténuer le choc de son apparition à la naissance[50]. Encore faudrait-il pour ce faire que notre regard n'ait pas toujours été habitué, bien avant que n'existent les techniques de vision prénatale, à ne voir de l'autre que ce que nous croyons en savoir à partir

---

[49] Cet homme est médecin.
[50] Quand l'anomalie peut faire l'objet d'une intervention chirurgicale, il arrive d'ailleurs que le savoir prénatal permette une intervention plus rapide. C'est notamment le cas, en cas de fente palatine, ou « *bec de lièvre* ».

d'une de ses caractéristiques. Encore faudrait-il que nous n'ayons pas oublié, ou plutôt que nous ayons appris que, comme dit Merleau-Ponty, *« la volubilité est une propriété essentielle du regard »*, alors que, dans la plupart des cas, il fossilise au point que nous avons bien du mal à voir des visages derrière les symptômes, une histoire humaine à travers eux, et des potentialités malgré eux. De sorte que, parmi les propos recueillis par Anne Dusart auprès de personnels de santé sur les techniques de détection prénatale, on trouve ce témoignage hautement significatif d'une sage-femme :

« Avant le diagnostic anténatal, il y avait en effet des fœtus malformés, c'était très dur, mais je pense que le fœtus existait et ne pouvait jamais être réduit à sa malformation. Je pense à un cas très particulier : un couple, physiquement, le mari et la femme, c'était une splendeur ! Le gynéco leur dit : 'beau comme vous êtes, quel bébé vous allez avoir !' en plus, il y avait la belle mère qui était là et qui dit : ' Mais nous sommes toujours beaux dans la famille !' Eh bien, naît un enfant porteur d'une fente palatine ! Ca a été l'effondrement chez la belle mère qui a dit : ' Ca ne peut pas être un enfant de la famille.' Or, la mère, après tout de même un petit temps de révolte, a très bien accepté l'enfant, alors que ce diagnostic aurait été fait en anténatal, je suis sûre qu'elle aurait eu recours à l'interruption de grossesse... Je crois que c'est ça l'effet fondamental du diagnostic prénatal, c'est que le fœtus qui n'est pas là, il n'est qu' une malformation dans la tête des parents... Il y a peu de temps, on a eu une agénésie d'une main, eh bien le couple a demandé tout de suite une interruption de grossesse... Le fœtus, c'est la main qui manque, c'est tout ! Je pense que ça, c'est un effet pervers du diagnostic prénatal. » [51]

Evidemment, cette réduction a fatalement été préparée par la difficulté à regarder l'autre que soulignaient déjà indirectement les propos de Pascal et de Shakespeare. Et, au

---

[51] Dusart A., 1995, *La détection des anomalies fœtales*, Paris, éds CTNERHI, p. 71-72.

cœur de la seule démarche scientifique dont le dépistage prénatal est une des multiples émanations dans le domaine de la médecine, les efforts de classification, font-ils sans doute déjà partie des facteurs qui renforcent cette tendance ou (allons savoir quelle est la cause, quel est l'effet !) en sont une des manifestations. Combien de malades se sont-ils ainsi plaints d'être effacés par leur pathologie et de ne plus être au regard de qui les soignaient que leur « *poumon* », leur « *estomac* », en un mot leur organe malade.

Alors, comment, dans un tel contexte, la réduction de l'être à venir ne serait-elle pas plus facile encore dans la mesure où précisément cet être ne peut pas présenter de résistance au regard médical, à la parole médicale qui va être prononcée sur lui puisqu'il est pour ainsi dire tout entier livré à cette parole ? Au contraire, lorsqu'un enfant ou, plus encore, un adulte sentent peser sur eux un regard malveillant, au moins ont-ils la possibilité de renvoyer au « *regardeur* » sa propre hostilité. De cela, des hommes et des femmes atteints dans l'intégrité de leurs facultés physiques témoignent parfois avec virulence. « *L'autre me regardant comme une non personne, si je lui lance un regard froid, celui-ci voudra dire : je suis une personne, de quel droit m'envahissez-vous ? C'est le regardeur qui devient agressé, qui se sentira mal à l'aise parce qu'il découvre en moi un être humain et non pas une 'non-personne'* »[52], déclare ainsi un homme paralysé. « *N'oublies pas que regardeur tu es, mais aussi regardé…* », déclare un autre avec colère.[53]

Or, l'enfant à naître ne peut, bien entendu, opposer cette résistance à la violence de l'autre. Qu'il s'agisse alors de la perception d'une anomalie sur l'écran de l'échographiste ou d'un diagnostic posé à partir d'un résultat d'analyse, ce

---

[52] *La relation au corps handicapé,* 1990. Document du Centre régional Marc Sautelet de rééducation de l'Association des Paralysés de France. Collection Recherche Formation, p.23.
[53] Ibid., p. 20.

diagnostic peut très facilement avoir pour effet de priver un être de ses horizons, et notamment de ceux qui peuvent nous être restitués par la *parole* que l'autre nous adressera, quand bien même nous voudrions le réduire à ce que nous projetons sur lui ou à ce qu'il offre à notre regard.

Quand le diagnostic a lieu en effet à partir d'une *image* saisie sur un écran, il peut très facilement arriver que l'aspect qui nous est proposé du futur enfant nous prive de toute autre perspective, surtout dans un contexte où l'éducation du regard n'a pas eu lieu, et où, à plus forte raison, l'éducation à la considération de l'image ne s'est pas faite non plus : dans ce cas, il peut arriver facilement que le futur enfant ne soit plus futur enfant de tel homme et de telle femme, eux-mêmes héritiers de telle ou telle histoire ayant peut-être tel ou tel autre enfant. Car ce futur enfant est alors le plus souvent victime de la double illusion d'après laquelle tout nous est livré de lui par le diagnostic et que ce « *tout* » se réduit à un symptôme.

A propos de l'image cinématographique, Merleau-Ponty écrivait déjà : « *Quand dans un film, l'appareil se braque sur un objet et s 'en approche pour nous le donner en gros plan, nous pouvons bien nous rappeler qu'il s'agit [...] de la main d'un personnage, nous ne l'identifions pas effectivement. C'est que l'écran n'a pas d'horizons.* "[54] Dans la vision directe, même si mon regard se porte sur un aspect réduit de l'apparence de l'autre par exemple, toutes les dimensions de sa personne restent là, même si elles m'échappent, alors qu'une image sur un écran les annule.

En 1991, Emmanuel Goldenberg avait fait la présentation[55] d'un film tourné en 1980, par un militant de l'euthanasie, qui montrait une femme atteinte d'un cancer de la face. Le dialogue entre la malade et le médecin commençait ainsi : « *Vous ne voulez plus continuer à vivre, pourquoi ?* », et comme pour anticiper la réponse de cette femme, la caméra proposait un gros plan de son visage déformé avant qu'elle ne

---

[54] Ibid., p.82.

[55] Il s'agissait d'une présentation critique.

réponde : « *parce que je souffre toute la journée et la nuit aussi* ». « *D'ailleurs le médecin m'a dit : 'On ne peut pas continuer à vous charcuter comme ça, on ne peut pas enlever tout le visage tout de même'* ».[56]

Le médecin présent demandait à ce moment ce qu'elle ferait si on ne l' « *aidait* » pas, la malade laissait entendre que dans ce cas, elle se suiciderait. A la suite de quoi son interlocuteur l'assurait qu'il viendrait le soir pour l' « *aider* », après l'avoir vivement remerciée de l'avoir autorisé à la filmer pour que cela puisse « *servir* » à d'autres malades. Ainsi, quelle que soit la position qu'on puisse avoir vis-à-vis de l'euthanasie, était particulièrement frappant dans ce film à quel point, de la femme présentée, nous ne savions rien et ne pouvions rien voir d'autre que son visage déformé. Soulignant encore sa difformité, le médecin ajoutait d'ailleurs que pour la remercier d'avoir œuvré à la cause de l'euthanasie, on afficherait dans l'hôpital une photo d'elle « *venue de jours meilleurs* ». Paroles comme images convergeaient donc vers l'exhibition d'une souffrance incontestablement insupportable et contextualisée par la seule « *cause de l'euthanasie* », et l'écran nous interdisait non seulement l'appréhension de tout autre aspect de la personne en cause, mais aussi la perception de la maladie comme celle de cette femme-là. Que pouvait-elle faire connaître d'elle au spectateur ? Rien d'autre que l'immensité de sa souffrance actuelle dont la généalogie ne pouvait être faite puisque le regard de celui qui voyait le film ne pouvait qu'être rivé à ses mutilations.

Pour qu'ait pu en l'occurrence être rendu au regard la *volubilité* sans laquelle il ne peut lui-même qu'être mutilateur, il est évident que la malade aurait d'abord dû être *entendue* de manière à ce qu'une communication puisse s'établir avec elle malgré son apparence extérieure et les déficiences qu'elle présentait au premier regard. « *L'objectivation de chacun par le regard de l'autre n'est ressentie comme pénible que parce qu'elle prend la place*

---

[56] *Jalmalv* , mars 91, N°24.

d'une communication possible »,[57] dit encore Merleau-Ponty, et s'il est effectivement un acte qui puisse libérer le regard de l'emprise opérée par une apparence disgracieuse ou par une déficience, c'est évidemment celui par lequel on prend soin d'écouter afin que l'autre nous apparaisse dans la globalité de son histoire et de sa temporalité[58].
Evidemment, quand l' « *autre* » n'est encore qu'à l'état de fœtus, et qu'il est de plus réduit à une image sur un écran, cela n'est pas possible ! Peu après sa naissance, il ne sera d'ailleurs pour un certain temps que l'enfant, l'*infans*, celui qui ne parle pas. Il le demeurera peut-être s'il est atteint dans ses capacités intellectuelles ou relationnelles.
Mais pour nous en tenir à la période prénatale, et à la détection d'une anomalie par l'intermédiaire d'un écran livrant une image obscure au commun des mortels et seulement lisible par des « *spécialistes* », il faut bien comprendre qu'il est d'abord tout entier livré au regard de ce spécialiste, et bien souvent à la parole qu'il portera sur lui.

Dans le livre en collaboration avec Nicole Diederich paru sous le titre *Vers un droit à l'enfant normal ?*[59], apparaît à la fois le texte que m'avait remis Gérald Coen, échographiste et obstétricien, et l'entretien que nous avions réalisé avec lui dans lequel apparaît très clairement la question du regard porté sur l'enfant à naître à travers l'écran de l'échographe. Dans ce beau texte, à portée philosophique[60], ce médecin évoque en effet le regard de l'échographiste sur ce *« patient sans parole »*, dit-il, qu'est le fœtus. Il considère que l'échographe est devenu dans sa propre pratique « *presque aussi nécessaire que son stéthoscope* », mais il n'en décrit pas

---

[57] Ibid., p.414
[58] Diederich. N,."Devenir sujet aujourd'hui", In *Connaître le handicap, reconnaître la personne* , nov 1999, Gardou et Col.,Toulouse, Erès. N. Diederich propose de donner à voir d'une autre manière en « s'exposant à entendre ».
[59] Moyse D., Diederich N., 2006, *Vers un droit à l'enfant normal* ?, Toulouse, Ed. Erès.
[60] Se référant à plusieurs reprises à Lévinas.

moins la spécificité des difficultés éthiques posées au praticien :
« *Le bébé-dans-le-ventre est, sur l'écran, livré à notre indiscrétion. C'est donc notre regard qui doit le sauver de la nuit ou de l'indifférence où il apparaît trop souvent. [...] La préfiguration de ce qu'il est, que nous mettons au jour par le balayage de la sonde, nous oblige, par déférence et référence morale, à nous substituer à sa non-parole, qui est pourtant déjà présence.*
Considérer le foetus comme notre éventuel patient doit nous inciter à lui appliquer les mêmes règles de déontologie et de 'désintéressement' qu'à tout autre patient. Dans l'inédit de cette relation médecin-patient, il nous faut être promoteur de respect pour l'image, qui est plus que l'image et qui ne parle qu'à travers nous... »

Le rôle d'un échographiste, poursuit ce médecin, doit être clairement « *celui de médiateur dans la triade : la mère éclairée par nos soins, dans la mesure du possible, le père quand il est présent, et l'enfant. Vouloir s'abstraire de cette tâche de médiation pour se retrancher, dans une fausse pudeur, derrière la seule image que nous avons promue, c'est renoncer à tout un champ de développement de notre responsabilité médicale. [...] La découverte d'une 'variation de la normale' n'a de sens que réintégrée dans un discours qui fait vraiment place à l'altérité de l'autre comme autre, c'est-à-dire d'emblée étranger à notre pouvoir, et, quelque part, déjà aussi juge de notre propre regard sur lui.* »
Cet échographiste appelle donc « *à une nouvelle responsabilité éthique, tous ceux et toutes celles qui pratiquent cet art échographique dans le domaine de la vie prénatale. [...] À question nouvelle, il faut une avancée de l'esprit qui soit à la mesure de la gravité de la question. Je ne prétends pas avoir la réponse, mais je pense qu'il est de notre devoir de nous interroger plus sereinement sur notre responsabilité personnelle et collective dans tous les actes*

qui découlent, plus ou moins directement de notre décision de voir le bébé avant qu'il ne naisse. [...]
Le droit de décider de la vie ou de la mort, que nous nous octroyons aujourd'hui, doit être pris et mesuré en poids de sagesse et d'intelligence d'une philosophie où autrui est identifié pour ce qu'il est vraiment. »

Quand nous l'avons interrogé après la lecture de ce texte, nous avons demandé à ce médecin ce qu'il entendait exactement par l'expression d' « *échographie sans violence* » qu'il employait dans son texte pour qualifier ce qu'il estime être le juste usage de cette technique. Nous lui avons notamment demandé si cette expression ne signifiait pas en fait pour lui, échographie sans Interruption Médicale de Grossesse, en cas de détection d'anomalie fœtale ; s'il ne s'agissait pas en somme pour lui de réserver l'utilisation de l'échographie à la détection des pathologies de la grossesse nécessitant une intervention médicale avant la naissance[61].
« *Non*, a-t-il répondu sans hésitation, *l'I.M.G. ça va rester, mais on est en deçà de ce qui devrait être si on veut rester dans cette espèce d'humanisme dont je parle. Je connais un couple dont le bébé a été interrompu*[62] *pour une malformation létale du cœur. Ce que j'ai vécu avec ce couple a été très beau. C'est moi qui ai pratiqué l'I.M.G.. Le dialogue qui a pu s'engager autour de cet enfant et quand on a fait l'I.M.G. a été optimal parce que nous étions dans cette justesse de regard où le bébé était au centre. On a eu du mal à prendre la décision d'interruption mais en même temps on a ressenti une sensation de paix, même en contemplant ce bébé mort dont on a abrégé les souffrances. Mais cela est extrêmement rare...* »

---

[61] Outre la détection des anomalies fœtales qui nécessitent une chirurgie, la détection des anomalies placentaires peut ainsi sauver à la fois des enfants à naître, des organes et, parfois, la vie de certaines femmes.
[62] Tel est souvent le vocabulaire employé par les obstétriciens, quand il y a Interruption Médicale de Grossesse.

« *Je sais que je suis ambigu,* explique ce médecin, *avec ces phrases que j'utilise sur le respect absolu qu'il est difficile à replacer dans le contexte, mais ce qui me désole, c'est que le bébé, à partir du moment où l'anomalie est soupçonnée, disparaît complètement. Et ça me questionne parce que c'est moi, qui suis à la fois échographiste, philosophe et accoucheur, qui le fais disparaître.* »

De son analyse, il ressort que les actes techniques qui conduisent à révéler la vie prénatale constituent en soi, avant même que ne soit prise quelque décision que ce soit à propos du fœtus, un bouleversement éthique tel, qu'il est difficile de trouver les mots justes pour en décrire l'exacte portée :

« *J'ai eu l'impression,* remarque cet obstétricien, *en écrivant le texte que je vous ai transmis, que j'écrivais quelque chose que je maîtrisais très peu. J'espérais pouvoir le développer dans un livre, mais je ne l'ai pas fait. Ce qui nous manque ce sont les moyens méthodologiques et le langage adéquat pour décrire l'être que l'on regarde et que, parfois, l'on va faire disparaître. Mon maître en échographie, qui est un véritable échographiste et obstétricien, conserve le malaise de celui qui est dans la position de contribuer à la décision de l'arrêt de la vie d'un futur enfant. Cela me paraît très important de conserver ce malaise. Lors d'un Congrès, il parlait d'une agénésie du corps calleux*[63] *pour laquelle un bébé avait été interrompu, puis d'un autre qui, avec la même chose, ne l'avait pas été, parce que, après avoir fait une IRM* [64] *à la mère, on avait découvert qu'elle avait la même chose alors qu'elle était normale. Dans les cas où l'on n'est pas très sûr, on doit chercher des arguments en faveur de l'enfant à naître. C'est cette médecine-là qu'il faut développer, c'est quelque chose dont j'aimerais discuter avec les intervenants du Centre de diagnostic prénatal de la région, mais c'est le genre de débat qui n'a jamais eu lieu parce qu'il n'y a*

---

[63] Le corps calleux est constitué par les fibres nerveuses qui unissent les deux hémisphères cérébraux. Il s'agit donc du non développement de cette partie du cerveau.

[64] Incidence à Résonance Magnétique.

personne pour porter le débat. Il n'y a personne pour porter un regard éthique. »[65]

Porter le débat… Comme c'est difficile en effet dans un contexte où nous n'avons pas appris la volubilité du regard nécessaire à tout regard vrai, dans un contexte où le rapport à l'image lui-même, à plus forte raison le rapport à l'image qui transite par la parole de l'autre est fatalement une parole à risque. Car ici le moindre mot mal choisi peut être dévastateur et produire très exactement l'effet inverse de celui que vise notre médecin - philosophe.

Les témoignages présentés dans un petit fascicule réalisés par des médecins exerçant à l'hôpital de Saint-Maurice[66] auprès d'enfants nés avec des malformations des membres, attestent, sans doute plus que dans d'autres domaines, que dire le vrai ne saurait se réduire à dire ce qui est exact ! Les paroles de parents recueillies par les deux orthopédistes pédiatres et les deux psychologues ayant réalisé ce travail autour de l'annonce anténatale d'une malformation de membres sont à cet égard particulièrement éloquents. La nomination de la pathologie est perçue comme violente, mais sa dissimulation plus encore ! « *Ce qui m'a le plus gêné,* remarque une jeune mère*, c'est la non franchise du premier échographiste. C'est-à-dire que je ne l'ai pas senti moi ; j'ai senti qu'il ne savait pas comment le dire. Il n'avait jamais dû avoir de cas… donc il ne savait pas. On ressent bien les choses… pour l'avoir vu ne parler qu'à mon mari… ne jamais me parler à moi. J'ai senti qu'il y avait quelque chose. Il y a des choses comme ça qu'on sent… quand quelqu'un vous ment… vous savez ! …*

---

[65] Ce texte avait déjà été publié dans : Coen G., « Naissance psychique et prévention précoce », *Cahiers de maternologie* n°15, juillet/décembre 2000.

[66] En banlieue parisienne.

mais là, jamais il ne m'adressait la parole... il ne me regardait même pas! »[67]
Il est donc préférable de ne pas mentir ou de ne pas fuir, car la future mère le vivra comme une trahison. Mais les mots utilisés par le praticien peuvent être dévastateurs. Parlant de l'échographiste lui ayant révélé l'agénésie d'un membre supérieur de son enfant, une jeune femme témoigne ainsi : « *Elle est tombée dessus et tout de suite elle m'a dit : 'Il n'y a qu'un moignon...' Voilà, pour moi, ça a été le mot atroce. C'était très violent. Elle aurait pu dire : je crois qu'il y a un problème à la main... enfin quelque chose de plus doux...* »[68]
Lors de la révélation d'une anomalie, les propos les mieux intentionnés peuvent quand même constituer une violence supplémentaire, comme en témoigne cette autre mère, rapportant le moment où elle apprit que son enfant avait une main malformée : « *Il n'y a pas de phalanges et il m'a fait ça (geste de la main indiquant le niveau). Voilà ! je me suis écroulée en larmes. J'ai pris l'hôpital sur la tête, c'était très violent ! Forcément, je pleurais. Je disais : c'est pas possible... ça n'existe pas ; et puis il m'a dit : ah ! vous savez, les enfants handicapés s'adaptent très bien. Et là, ça a été encore pire... c'était l'annonce... j'attendais un enfant handicapé !* »[69]

Le tact du praticien doit être si extraordinaire qu'il doit *relativiser* au sens précis de ce terme qui renvoie à l'action de relier la pathologie à un ensemble (l'ensemble du corps de l'enfant à naître, comme l'ensemble du contexte dans lequel naît cet enfant), mais en évitant surtout la dédramatisation. Relativiser donc, mais sans dédramatiser ! Car le médecin qui minimise l'atteinte du corps désignée par son diagnostic laisse

---

[67] *J'apprends que j'attends un enfant malformé. Paroles de parents. Autour de l'annonce anténatale d'une malformation de membre.* 2005, Pilliard D., Taussig G., Boulot B., Devanz.M-L. Recueil de témoignages publiés par l'Hôpital National de Saint-Maurice. Réalisation soutenue par la Fondation de France. p.8.
[68] Ibid.
[69] Ibid.

le couple à sa solitude et à sa détresse. « *Le docteur me dit : oh, c'est rien un gamin à qui il manque une main. Il y a le ciel qui vous tombe sur la tête... et elle vous dit, c'est pas grave* ! », raconte une femme. « *Votre bébé n'a pas de main gauche, mais ne vous inquiétez pas... il y a de très grands centres qui font des appareillages magnifiques* », rapporte une autre. Mais si la dédramatisation est appréhendée comme un pur et simple déni, une nomination brutale peut être éprouvée comme une réduction pure et simple de l'enfant à naître à son symptôme, partant, comme un anéantissement de celui-ci : « *J'avais l'impression que j'étais enceinte d'une main et pas d'une petite fille... ça c'était terrible* ». Etrange formulation puisqu'il s'agissait précisément de signaler que l'enfant attendue avait une main en moins, mais qui indique que les mots choisis peuvent avoir pour effet de réduire l'enfant à son amputation, c'est-à-dire à rien !

***

Tous ces témoignages indiquent qu'il est bien difficile d'être dans cette « *justesse de regard* » dont parle G. Coen, précédemment cité. Comment d'ailleurs en serait-il autrement quand tant d'éléments indiquent que « *le changement de regard* » porté sur les « *personnes handicapées* » n' a pas vraiment eu lieu, pour cette simple raison que le changement de regard sur ces personnes ne pourrait avoir lieu que si s'opérait un changement du regard que nous nous portons mutuellement, voire sur toute chose sur laquelle se porte notre regard ! Peut-être alors cette vue de l'invisible à laquelle nous convie Platon à l'aube de la philosophie pourrait-elle favoriser ce respect que présuppose tout véritable regard.

A en croire l'étymologie du mot, regarder vraiment c'est en effet prendre en garde. « *Regard, au moyen âge c'est : garde, égard, attention, considération* », note François Fédier, et il

ajoute : « *Révérer, c'est très exactement : avoir égard. Révérer, même préfixe que regarder* » [70]
Mais, pour l'heure, la situation des « *personnes handicapées* » n'est-elle pas révélatrice du fait que nous portons les uns sur les autres non pas un regard véritable mais un *non-regard* ? Sinon, comment expliquer la validation par un certain nombre de magistrats des « *actions de vie préjudiciables* »[71] qui radicalisent bel et bien le fait que notre regard, au lieu d'être délivré par les belles choses qui peuvent le restaurer et le porter, est emporté par le nihilisme qui est peut-être d'ailleurs à l'origine du fait que nous ne savons pas plus regarder les « *personnes handicapées* » que nous ne savons regarder en général.

---

[70] Fédier F., *Regarder voir,* 1995. Paris, Eds Les Belles Lettres Archimbaud, p.10

[71] Depuis l'arrêt Perruche, il n'est plus possible en France d'indemniser un enfant handicapé parce qu'il n'a pas été avorté, mais les actions en justice ont abouti à l'indemnisation de parents et de frères et sœurs d'enfant handicapés. On parle alors d' « *actions de naissance préjudiciable*" ("*wrongful birth*" en droit anglo-saxon).

Bibliographie

proposée par D. Moyse

- Coen G., juillet/décembre 2000, « Naissance psychique et prévention précoce », *Cahiers de maternologie* n°15.

- Diederich. N, 1999. « Devenir sujet aujourd'hui ». In *Connaître le handicap, reconnaître la personne* , Gardou et Col.,Toulouse, Erès.

- Dusart A., 1995, *La détection des anomalies fœtales* , Paris, éds CTNERHI.

- Fédier F., 1995, *Regarder voir,* Paris, éds Les Belles Lettres Archimbaud.

- *Jalmalv* , mars 91, N°24.

- *La relation au corps handicapé,* 1990. Document du Centre régional Marc Sautelet de rééducation de l'Association des Paralysés de France. Collection Recherche Formation.

- Merleau-Ponty M., 1ère éd. 1945, Paris, Gallimard ; Edition citée, 1976, *Phénoménologie de la perception* , Paris, Tel Gallimard.

- Moyse D., Diederich N., 2001., *Les personnes handicapées face au diagnostic prénatal,* Toulouse, éd. Erès.

- Moyse D., Diederich N., 2006, *Vers un droit à l'enfant normal* ?, Toulouse, éd. Erès.

- Nuss M. 4ème trimestre 2001,*Un autre regard* , Suisse, Cahiers médico-sociaux.

- Pascal B., Paris, Ed. Garnier, 1965, *Pensées* , Fragment 82, conforme à l' éd.Brunschvicg, 1904-1914.

- Pilliard D., Taussig G., Boulot B., Devanz.M-L. 2005, *J'apprends que j'attends un enfant malformé. Paroles de parents. Autour de l'annonce anténatale d'une malformation de membre.*, Recueil de témoignages publiés par l'Hôpital National de Saint-Maurice. Réalisation soutenue par la Fondation de France

- Shakespeare W., éd de 1964, *Hamlet,* traduction de François-Victor Hugo, éd Garnier-Flammarion.

- Stiker H-J, *Corps infirmes et sociétés,* 1982, Paris, Aubier.

Le mythe tragique des enfants sorciers

Raoul Morseau[72]

Comment peut-on imaginer au 21ème siècle que des parents puissent chercher à éliminer leur enfant, le torturent, l'abandonnent au prétexte invraisemblable qu'il est sorcier ?
De tels faits se passent actuellement en Afrique essentiellement, mais se retrouvent en Europe dans les communautés africaines immigrées comme en ont témoigné deux juges, Martine de Maximy et Thierry Baranger, ainsi qu'un expert judiciaire, romancier, Hubert de Maximy, dans un livre aujourd'hui introuvable : *L'enfant-sorcier africain entre ses deux juges* (Odin éditions).

Quelques explications avant de tenter un commentaire :
Selon la revue *Villages de joie* n°201[73], « pour de nombreuses communautés dans le monde, il existe des *signes* ou des conditions de naissance qui montrent que l'enfant est *mal né*. Il risque de porter malheur, de devenir, si on le laisse grandir, un être maléfique… et de constituer en fin de compte, un élément gravement perturbateur qui menace la cohésion même de la communauté. Dès lors, la seule solution est de s'en débarrasser »… Les signes en question peuvent être d'ordre très divers, ce peut être une naissance gémellaire (qui manifeste un *excès inattendu* de l'ordre du *monstrueux*) ; l'un des deux jumeaux sera mis à mort à la naissance. Il y a encore la position dans laquelle naît l'enfant : s'il ne se présente pas par la tête, le visage tourné vers le ciel, c'est un

---

[72] Anthropologue, diplômé de l'Ecole des Hautes Etudes en Sciences Sociales. Ses recherches portent en particulier sur la sorcellerie comme objet de persécution.
[73] Publié par l'association « SOS Villages d'enfants » 2007.

sorcier. Un « réparateur », c'est-à-dire un tueur professionnel le supprimera. Autres signes encore : le fait de faire sa première dent après huit mois, ou de la faire sur la mâchoire supérieure, conduira à l'abandon de l'enfant dans la forêt. Inutile de dire qu'un handicap physique décelé à la naissance sera une preuve de la nature de sorcier. On trouve parfois des signes de l'ordre du subjectif comme par exemple l'enfant têtu !

Curieusement, ces superstitions, ces pratiques barbares, ne constituent pas des traditions anciennes en Afrique. Elles sont apparues récemment, il y a seulement quelques décennies. Certes, elles puisent leurs racines dans les croyances animistes ancestrales, mais comme l'explique une étude menée en 1999 dans la République Démocratique du Congo (RDC), « Autrefois, lorsqu'une personne était accusée de sorcellerie, le village lui faisait une cérémonie de désenvoûtement. Elle n'était jamais chassée de la maison, surtout lorsqu'il s'agissait d'un enfant. Ce qui se passe aujourd'hui est une conséquence de l'urbanisation et des frustrations engendrées par les diamants » (M. Tchibanza). En effet, la recherche des diamants en R.D.C. par des enfants, au profit d'exploiteurs locaux et dans des conditions épouvantables, crée des situations aberrantes qui font de ces gamins des êtres redoutés pour leurs pouvoirs prétendument magiques. Mais les guerres incessantes, les massacres, les déplacements de population, la corruption et l'exploitation de l'homme par l'homme, pèsent sur le développement de ces croyances de pauvres, de démunis. D'ailleurs, le phénomène connu des « enfants-soldats » est proche de celui des « enfants-sorciers » : ces enfants armés et agressifs réactualisent les mythes des « enfants tueurs » ou « mangeurs d'hommes ». Il convient, tout comme les enfants-sorciers, de les éloigner, ou mieux, de les supprimer. Comme le fait remarquer Doris Bonnet anthropologue à l'Institut de la Recherche pour le Développement, « Ce n'est pas un hasard si ces [enfants] appartiennent en général à des familles très

TÉMOIGNAGES

Ceux que l'on met au monde : mère et fille, version Victoria

Kathy Edwards[77]

« T'es mon enfant d'amour
T'es mon enfant spécial
Un enfant pour toujours
Un cadeau à jamais
Un enfant anormal...
C'est ce que j'espérais
Alors, pourquoi j'ai mal ? »

« Ceux que l'on met au monde »
Chanson de Lynda Lemay, 1999

Je vais vous parler de ma petite fille Victoria qui, malgré toutes ses difficultés, porte bien son nom et restera à jamais une grande victoire à mes yeux. Lorsqu'elle était encore dans mon ventre, elle portait déjà ce prénom et je ne pouvais imaginer à quel point il allait résonner dans ma vie. « Victoria » fut plutôt inspirée par les torrents spectaculaires que j'avais pu admirer en Afrique que par l'imposante reine britannique de mon pays natal. Je ne pouvais surtout pas imaginer l'impact que cet accouchement aurait sur ma vie et sur ma perception du monde.

Rien ne m'avait préparée à cette naissance prématurée, subite et brutale. Ma première grossesse s'était déroulée comme

---

[77] Mère de Victoria, 8 ans.

« sur des roulettes » trois ans auparavant. Rien ne laissait présager une telle expérience. Les seules « anomalies » perçues au scanner par les médecins concernaient le cordon ombilical et le liquide amniotique, qui, m'assurait-on, étaient habituelles chez cinq à dix pour cent des femmes enceintes. Pourtant, à sept mois Victoria était pressée de sortir. Les ambulanciers, à l'arrivée chez moi, me proposèrent d'accoucher sur-le-champ. Etrange instinct qui m'a amenée à insister pour aller à l'hôpital que j'avais prévu pour accoucher, Victoria n'aurait certainement pas tenu le choc sans le matériel nécessaire. Heureusement, le mois d'août me confortait dans l'idée que le boulevard périphérique ne serait pas encombré. J'ai ainsi accouché trois ou quatre minutes après mon arrivée en brancard à l'hôpital. Je n'ai pas souvenir d'avoir vu ma petite Victoria déjà bien nommée car elle fut tout de suite transférée vers un incubateur et intubée. J'étais allongée seule dans un silence bien trop silencieux. C'est seulement à ce moment-là que j'ai commencé à réaliser que ma fille avait des problèmes. Elle fut transférée deux heures plus tard dans le service de réanimation de l'hôpital pédiatrique de référence où je la retrouvai en cours d'après-midi. Personne ne me parlait alors de handicap. Pourtant, les choses ne m'apparaissaient plus très claires.

Malgré son transfert assez rapide vers les services de Pédiatrie Générale que je ressentais moins paniquants, il nous devenait de plus en plus clair, à mon mari et moi-même, ou au père de Victoria et à moi-même, que Victoria était en souffrance et présentait un tableau inquiétant sinon vital.

Les jours et les semaines passaient. Je portais chaque jour mon lait du domicile à l'hôpital, heureusement proche, pour que Victoria puisse se nourrir avec le lait de sa maman, malgré des problèmes de déglutition liés à une fente palatine qui lui imposait un gavage. Nous étions à cette époque dans un état où le temps était suspendu, étrange, un état de non-réalisation car le mot Handicap n'était toujours pas prononcé et nous étions apparemment loin d'un diagnostic. Nous avions seulement compris qu'il s'agissait d'une condition rare mais tant que nous n'avions pas de véritables précisions, j'avais du mal à accepter que Victoria puisse être atteinte de différences concrètes et graves qui allaient la marquer à vie.

Je me souviens d'un incident de cette époque qui m'avait choqué par sa violence. Dans une rue ensoleillée du 15ème arrondissement de Paris quelques jours après la naissance de Victoria, j'aperçus une femme, vraisemblablement du même âge que moi, avec deux petites filles blondes que j'estimai être environ des mêmes âges que les miennes. Le bébé était éveillé, bien portant et souriant ; un vrai petit tableau de bonheur et de validité. J'eus le réflexe de me retourner brusquement et je changeai de direction avec mon mari et ma fille aînée. Une puissante agressivité, voire un geste de violence, s'imposait à moi comme quelque chose d'irrépressible. Je n'ai pas revécu, heureusement, un tel moment depuis, mais je garde en mémoire cette sensation bestiale, terrifiante.

A l'hôpital, les femmes professeurs, médecins, auxiliaires, étaient pour la plupart sensibles, solidaires, humaines. Elles faisaient visiblement tout pour décrypter le problème du diagnostic de Victoria ainsi que pour soulager sa souffrance, car nous en étions encore à ce stade. Il m'était insupportable de voir tous ces tuyaux partout qui la gênaient et à quel point sa dystonie (des mouvements involontaires qui provoquent des contorsions) la dérangeait. Pour moi, l'important en tant que mère, était d'aménager son environnement dans la mesure du possible dans une salle d'hôpital déshumanisée. A cette fin, j'installai un poste radio-cassette dans sa chambre et je lui amenais régulièrement des cassettes de musiques belles et paisibles. Grâce à une kinésithérapeute très ouverte à de nouvelles idées et thérapies, nous avons installé dans le lit de Victoria des coussins « saucissons » souples et innovants qui soulageaient son inconfort dystonique. Des mobiles et jouets colorés et musicaux semblaient lui plaire, mais le sourire était encore loin sur le petit visage intubé de mon bébé.

Les nuits à notre domicile durant cette longue hospitalisation étaient très perturbées. Plus tard, lorsque Victoria commença à faire de petits séjours à la maison, nos nuits furent dérangées pour d'autres raisons, plus matérielles. Les changements du système d'alimentation à gavage que la gastrostomie de Victoria imposait, malgré son nouveau palais brillamment opéré, entraînait un bruit qui emplissait notre espace. Ce bruit, faible mais envahissant, de moteur qui tournait pendant les heures nocturnes reste à jamais gravé dans mon esprit.

Avec le recul, mes observations d'un séjour de six mois passés par Victoria à l'hôpital pour des interventions chirurgicales et au fur et à mesure que le tableau du handicap se précisait, j'étais frappée, malgré l'efficacité et l'humanité du personnel, par le manque d'écoute et de véritables conseils. On ne me proposait qu'un strict minimum d'aide de type « psy » et je ne garde aucun souvenir de proposition d'aide concrète par une assistante sociale. Bref, ayant arrêté mon travail pendant plus de six mois, j'allai de découvertes en découvertes, comme une barque naviguant sur un océan de ce nouvel univers que représentait le handicap. Comme le mot n'était toujours pas prononcé ouvertement, c'était sans doute trop espérer que l'on puisse m'orienter vers des soutiens ou des associations sans parler des aides, droits éventuels voire allocations qui auraient pu nous soulager un peu. C'est bien plus tard, par des contacts avec de nouveaux amis, parents d'un enfant handicapé, que nous avons pris connaissance du système administratif avec ses dossiers à remplir, et compris que nous avions aussi des droits.
Welcome to the world of Disability!

Je vois maintenant que j'étais bien naïve à cette époque. Le militantisme n'avait pas été « mon truc » jusque là mais à pauvres, leur expulsion permettant d'alléger le groupe des bouches qu'on ne peut plus nourrir et jouant, ainsi, un rôle de régulateur économique ».

Il est un autre facteur contemporain qui vient se greffer sur ce contexte économique. C'est l'explosion des sectes dites protestantes ou chrétiennes (ce qui n'a plus de sens !), les « Eglises du réveil ». Ce sont elles qui agitent partout les démons et autres sorciers, qui légitiment et exacerbent par leur pathos théologique les croyances populaires. Les exorcistes fleurissent à tous les coins de rue, profitant de la situation pour s'enrichir sous couvert de protection des enfants. Il y a des missionnaires chrétiens qui font un travail de sauvetage réel, mais à contre-courant de ces sectes maléfiques. Il est vrai que le christianisme importé en Afrique a aussi joué parfois les pompiers pyromanes en apportant sa démonologie qui se surajoutait et se mêlait aux croyances ancestrales. [74]

Mais quelle relation y a-t-il entre ces meurtres d'enfants-sorciers et le thème de ce livre : handicap et maternité ?

On connaît le titre du livre du psychanalyste Serge Leclaire, *On tue un enfant*[75]. L'auteur ne parle pas de ces meurtres odieux que j'ai évoqués. Il parle de fantasme originel, inquiétant, évité, méconnu ; « la figure où se rassemblent les vœux secrets des parents, tel est pour chacun l'enfant à tuer, et telle est l'image qui enracine dans son étrangeté l'inconscient de chacun. *Sa Majesté l'Enfant* règne en tyran tout-puissant ; mais, pour que vive un sujet, que s'ouvre

---

[74] Pour une approche solidement étayée de ce phénomène des enfants-sorciers au Congo, on lira le dossier « *Le deuxième monde et les enfants sorciers* en République démocratique du Congo », de Filip de Boeck, dans la revue *Politique africaine* n° 80, décembre 2000, p. 32-57 (téléchargeable sur le Web). Lire également le livre d'Aurore D'Haeyer, « Enfants sorciers, entre magie et misère », Editions Labor, Bruxelles 2004

[75] Serge Leclaire, *On tue un enfant*, Points Essais n°126, Le Seuil 1981.

l'espace de l'amour, il faut s'en affranchir : meurtre nécessaire autant qu'impossible, encore à perpétrer, jamais accompli. Il y a là une reconnaissance et un renoncement narcissiques toujours à répéter, où la pulsion de mort s'avère fondamentale en ce qu'elle vise le *vieil homme* : l'immortel enfant de nos rêves ».
En somme, nous aurions d'un côté le fantasme de meurtre, et de l'autre le passage à l'acte, épouvantable, mais réalisé dans un monde magique où réel et rêvé se confondent pour le pire.

Mais qui veut-on tuer ? Qu'est-ce que l'enfant dans nos fantasmes et dans nos peurs ?

L'enfant, c'est l'inconnu du devenir. Le premier inconnu est celui de la naissance ; certes la science fait reculer toujours plus cet inconnu, on peut connaître « à l'avance » le sexe de l'enfant, d'éventuelles malformations, détecter une trisomie etc. La science n'épuise pas -encore ?- tous les mystères de la naissance… L'enfant contient en lui un futur imprévisible. Que sera-t-il, qui sera-t-il demain ? Quelle sera son attitude à notre égard, nous ses géniteurs ? Va-t-il nous combler de satisfactions, ou va-t-il nous dévorer ? Pensons au mythe d'Œdipe : la malédiction pèse sur lui, il tuera son père, il épousera sa mère. Il faut donc le supprimer (*l'exposer* aux bêtes sauvages).

L'enfant, c'est celui que nous avons été et que nous ne sommes plus. Notre enfance, ce lieu où se sont noués tous les problèmes qui assaillent notre vie d'adultes inachevés, nos tragédies inconscientes, soigneusement enterrées. C'est cet enfant que nous avons été qu'il faut supprimer, pour échapper définitivement, croyons-nous, à nos angoisses.

L'enfant est celui qui parle avec l'invisible. Il vit dans un monde qui n'est pas le nôtre, où la frontière entre réel et imaginaire est perméable. « Il prend ses rêves pour des réalités » dit-on. Ou encore, il « ment » alors que sa réalité est autre que la nôtre, autre que ce que nous croyons pouvoir nommer « réalité ». L'enfant, dans son univers, tutoie la vie et la mort. Il est notre avenir, et notre avenir est aussi précisément notre mort.

L'enfant est maître du monde, il est tout-puissant, du moins le croit-il sincèrement. Grandir sera justement apprendre que cette toute-puissance est irréelle. Et nous qui avons fait douloureusement l'expérience de notre impuissance ne pouvons supporter sa tyrannie.

Ce qui se passe dans notre inconscient peut **prendre corps** dans un environnement culturel différent, dans un monde imprégné de magie, où les repères ne sont plus les mêmes, où le monde matériel est imprégné d'êtres invisibles, où les morts et les vivants se côtoient sans cesse. Il est très instructif de prendre connaissance des récits (des « confessions », souvent publiques) que font des enfants-sorciers récupérés dans le giron des églises du réveil, de leur vie de prétendus sorciers : ainsi la petite Esther, six ans, vit la nuit dans le « deuxième monde » ; elle y est une femme adulte, mariée, a six enfants. Elle habite dans les profondeurs d'un fleuve ; avec une autre sorcière, elle « chasse » (la chair humaine) jusqu'en Europe, en volant sur un bâton qui lui sert également à tuer…[76]

Des signes – souvent dérisoires – vont dévoiler la dangerosité de l'enfant, sa nature de sorcier. Parfois même, comme me l'a rapporté une jeune femme camerounaise aveugle, le handicap de l'enfant (un signe qui n'est plus dérisoire !) rejaillit sur sa mère qui sera considérée par son entourage comme sorcière elle-même pour avoir donné naissance à un ou des enfants handicapés.

---

[76] Filip de Boeck, art. cit. p. 44. On pourrait rapprocher ces récits hallucinatoires des descriptions du sabbat des sorcières à l'époque des grandes persécutions en Europe.

Parents handicapés ou non, nous avons tous au fond de nous-mêmes cette peur tragique d'enfanter des monstres, des sorciers, des mangeurs d'hommes ou d'âmes, des tueurs, c'est-à-dire nos propres assassins. Nous avons le désir inavoué de les écarter, de les supprimer. Tout cela reste évidemment dans notre civilisation de l'ordre du fantasme (sauf exception pathologique).

Historiquement -c'est-à-dire aux 15ème, 16ème et 17ème siècles en Europe-, les victimes des persécutions pour sorcellerie sont en premier lieu les femmes, pour leur pouvoir sur la vie - et donc la mort-, et surtout leur capacité de séduction, leur sexualité, qui *envoûte* les mâles… Ce sont ensuite les prêtres, de par leur proximité avec l'invisible et les pouvoirs qui en découlent, et donc là aussi avec la mort. En fin, ce sont les enfants, pour les raisons, me semble-t-il, que j'ai exposées.

La peur, toujours la peur ! Ne pourrait-on imaginer que la maternité assumée par les femmes handicapées, la parentalité assumée par les couples où l'un au moins est porteur d'un handicap, pourraient constituer le plus efficace ***exorcisme*** de nos peurs ?

TÉMOIGNAGES

Ceux que l'on met au monde : mère et fille, version Victoria

Kathy Edwards[77]

« T'es mon enfant d'amour
T'es mon enfant spécial
Un enfant pour toujours
Un cadeau à jamais
Un enfant anormal...
C'est ce que j'espérais
Alors, pourquoi j'ai mal ? »

« Ceux que l'on met au monde »
Chanson de Lynda Lemay, 1999

Je vais vous parler de ma petite fille Victoria qui, malgré toutes ses difficultés, porte bien son nom et restera à jamais une grande victoire à mes yeux. Lorsqu'elle était encore dans mon ventre, elle portait déjà ce prénom et je ne pouvais imaginer à quel point il allait résonner dans ma vie. « Victoria » fut plutôt inspirée par les torrents spectaculaires que j'avais pu admirer en Afrique que par l'imposante reine britannique de mon pays natal. Je ne pouvais surtout pas imaginer l'impact que cet accouchement aurait sur ma vie et sur ma perception du monde.

Rien ne m'avait préparée à cette naissance prématurée, subite et brutale. Ma première grossesse s'était déroulée comme

---

[77] Mère de Victoria, 8 ans.

« sur des roulettes » trois ans auparavant. Rien ne laissait présager une telle expérience. Les seules « anomalies » perçues au scanner par les médecins concernaient le cordon ombilical et le liquide amniotique, qui, m'assurait-on, étaient habituelles chez cinq à dix pour cent des femmes enceintes. Pourtant, à sept mois Victoria était pressée de sortir. Les ambulanciers, à l'arrivée chez moi, me proposèrent d'accoucher sur-le-champ. Etrange instinct qui m'a amenée à insister pour aller à l'hôpital que j'avais prévu pour accoucher, Victoria n'aurait certainement pas tenu le choc sans le matériel nécessaire. Heureusement, le mois d'août me confortait dans l'idée que le boulevard périphérique ne serait pas encombré. J'ai ainsi accouché trois ou quatre minutes après mon arrivée en brancard à l'hôpital. Je n'ai pas souvenir d'avoir vu ma petite Victoria déjà bien nommée car elle fut tout de suite transférée vers un incubateur et intubée. J'étais allongée seule dans un silence bien trop silencieux. C'est seulement à ce moment-là que j'ai commencé à réaliser que ma fille avait des problèmes. Elle fut transférée deux heures plus tard dans le service de réanimation de l'hôpital pédiatrique de référence où je la retrouvai en cours d'après-midi. Personne ne me parlait alors de handicap. Pourtant, les choses ne m'apparaissaient plus très claires.

Malgré son transfert assez rapide vers les services de Pédiatrie Générale que je ressentais moins paniquants, il nous devenait de plus en plus clair, à mon mari et moi-même, ou au père de Victoria et à moi-même, que Victoria était en souffrance et présentait un tableau inquiétant sinon vital.

Les jours et les semaines passaient. Je portais chaque jour mon lait du domicile à l'hôpital, heureusement proche, pour que Victoria puisse se nourrir avec le lait de sa maman, malgré des problèmes de déglutition liés à une fente palatine qui lui imposait un gavage. Nous étions à cette époque dans un état où le temps était suspendu, étrange, un état de non-réalisation car le mot Handicap n'était toujours pas prononcé et nous étions apparemment loin d'un diagnostic. Nous avions seulement compris qu'il s'agissait d'une condition rare mais tant que nous n'avions pas de véritables précisions, j'avais du mal à accepter que Victoria puisse être atteinte de différences concrètes et graves qui allaient la marquer à vie.

Je me souviens d'un incident de cette époque qui m'avait choqué par sa violence. Dans une rue ensoleillée du 15ème arrondissement de Paris quelques jours après la naissance de Victoria, j'aperçus une femme, vraisemblablement du même âge que moi, avec deux petites filles blondes que j'estimai être environ des mêmes âges que les miennes. Le bébé était éveillé, bien portant et souriant ; un vrai petit tableau de bonheur et de validité. J'eus le réflexe de me retourner brusquement et je changeai de direction avec mon mari et ma fille aînée. Une puissante agressivité, voire un geste de violence, s'imposait à moi comme quelque chose d'irrépressible. Je n'ai pas revécu, heureusement, un tel moment depuis, mais je garde en mémoire cette sensation bestiale, terrifiante.

A l'hôpital, les femmes professeurs, médecins, auxiliaires, étaient pour la plupart sensibles, solidaires, humaines. Elles faisaient visiblement tout pour décrypter le problème du diagnostic de Victoria ainsi que pour soulager sa souffrance, car nous en étions encore à ce stade. Il m'était insupportable de voir tous ces tuyaux partout qui la gênaient et à quel point sa dystonie (des mouvements involontaires qui provoquent des contorsions) la dérangeait. Pour moi, l'important en tant que mère, était d'aménager son environnement dans la mesure du possible dans une salle d'hôpital déshumanisée. A cette fin, j'installai un poste radio-cassette dans sa chambre et je lui amenais régulièrement des cassettes de musiques belles et paisibles. Grâce à une kinésithérapeute très ouverte à de nouvelles idées et thérapies, nous avons installé dans le lit de Victoria des coussins « saucissons » souples et innovants qui soulageaient son inconfort dystonique. Des mobiles et jouets colorés et musicaux semblaient lui plaire, mais le sourire était encore loin sur le petit visage intubé de mon bébé.

Les nuits à notre domicile durant cette longue hospitalisation étaient très perturbées. Plus tard, lorsque Victoria commença à faire de petits séjours à la maison, nos nuits furent dérangées pour d'autres raisons, plus matérielles. Les changements du système d'alimentation à gavage que la gastrostomie de Victoria imposait, malgré son nouveau palais brillamment opéré, entraînait un bruit qui emplissait notre espace. Ce bruit, faible mais envahissant, de moteur qui tournait pendant les heures nocturnes reste à jamais gravé dans mon esprit.

Avec le recul, mes observations d'un séjour de six mois passés par Victoria à l'hôpital pour des interventions chirurgicales et au fur et à mesure que le tableau du handicap se précisait, j'étais frappée, malgré l'efficacité et l'humanité du personnel, par le manque d'écoute et de véritables conseils. On ne me proposait qu'un strict minimum d'aide de type « psy » et je ne garde aucun souvenir de proposition d'aide concrète par une assistante sociale. Bref, ayant arrêté mon travail pendant plus de six mois, j'allai de découvertes en découvertes, comme une barque naviguant sur un océan de ce nouvel univers que représentait le handicap. Comme le mot n'était toujours pas prononcé ouvertement, c'était sans doute trop espérer que l'on puisse m'orienter vers des soutiens ou des associations sans parler des aides, droits éventuels voire allocations qui auraient pu nous soulager un peu. C'est bien plus tard, par des contacts avec de nouveaux amis, parents d'un enfant handicapé, que nous avons pris connaissance du système administratif avec ses dossiers à remplir, et compris que nous avions aussi des droits.
Welcome to the world of Disability!

Je vois maintenant que j'étais bien naïve à cette époque. Le militantisme n'avait pas été « mon truc » jusque là mais à partir du moment où ma fille quitta l'hôpital et que le danger immédiat était passé, ***m'informer*** devint ma mission.

Le diagnostic arriva bien plus tard, presque quatre ans après la naissance de Victoria, comme une certitude lourde qui tombe plouf !... droit dans l'eau troublée. En fait, lorsqu'elle était bébé Victoria présentait déjà les symptômes d'une séquence dite « Syndrome Pierre Robin » (des troubles ORL associés à des problèmes de déglutition) ainsi qu'un hyperinsulinisme, et l'on savait déjà bien que ses malheurs ne s'arrêtaient pas là. En fait, il s'agissait d'une maladie génétique rare, le syndrome « Kabuki », d'après le théâtre japonais où les acteurs se maquillent de façon très particulière : le visage pâle poudré, les yeux grands et profonds. Ce qui expliquait les grands et beaux yeux aux longs cils, tant admirés, de ma fille. Le symptôme majeur était une déficience intellectuelle, normalement légère à modérée, et des difficultés initiales pour parler. Les enfants Kabuki étaient typiquement « scolarisables » mais n'avaient pas une autonomie suffisante pour mener une vie indépendante. Très peu de cas sont connus encore en France depuis la découverte de la maladie par deux médecins japonais en 1981 ; on estimait en 2003 que seulement une cinquantaine de cas avait été diagnostiquée. Ceci confirmait ce que l'on savait déjà mais maintenant c'était officiel : Victoria était un « cas rare ». A presque quatre ans, elle n'avait toujours pas la parole (et ne l'a toujours pas à huit ans sauf le son « mama », très gratifiant pour moi...) S'ajoute à cela que Victoria n'était pas mobile. Des poussettes adaptées cédèrent la place à un fauteuil roulant coloré, choisi avec amour partiellement par Victoria elle-même certes, mais bon, un fauteuil, quoi ! Ceci ne rentrait pas dans le profil de la maladie. Victoria était ainsi un cas « extrêmement rare » dans un syndrome déjà peu connu.

Malgré tout cela, le fait de savoir que notre fille portait un syndrome connu, quoique extrêmement rare, fut comme si nous appartenions subitement à une sorte de club national voire international. L'Internet se transformait en une source de soulagement et de solidarité. Il existait déjà une association canadienne très active dont le site web constituait une bonne source d'informations en plusieurs langues. La Présidente de cette toute première association pour le syndrome Kabuki (KSN) dont la troisième fille est atteinte, devint une confidente à distance et une mine d'informations et d'échanges. A cette époque, une association française, ASK, se mettait sur pied grâce à une mère dynamique près de Lille, dont le deuxième fils était porteur du Syndrome. Cette association, dont je suis aussi membre, rassemble environ soixante-dix personnes et comprend une quarantaine de familles directement impliquées par le Syndrome de Kabuki.

En ce temps-là, le corps médical était encore extrêmement méfiant quant à la fiabilité des renseignements recueillis par les parents sur Internet. Il faut dire qu'après le Sexe, la Santé était déjà le deuxième sujet le plus convoité par les internautes à l'échelle globale. Cependant, comme d'autres parents d'enfants handicapés assoiffés d'informations, j'avais l'impression que les « blouses blanches » se sentaient menacées en quelque sorte par cette nouvelle source de documentation si accessible, rapide et peu chère. Il a fallu du temps pour que cette source « alternative » d'informations médicales soit en quelque sorte acceptée et approuvée par les professionnels de la santé.

Je fus d'abord confrontée à la décision « arrache-maman » lorsque Victoria put quitter l'hôpital. Les professionnels de l'hôpital insistaient sur le fait que Victoria avait beaucoup de problèmes médicaux à régler, et qu'il serait extrêmement difficile de les gérer à la maison, en présence d'une autre petite enfant en bas âge. Voyant que je tenais à garder une activité professionnelle, pour des raisons à la fois financières et personnelles, ils me prévinrent que je serais certainement obligée d'arrêter mon travail pour pouvoir bien gérer moi-même tous ses soins (gastrostomie, injections d'hormones de croissance, administration de médicaments…) mais également les transports (CAMSP -Centre d'Action Médico-Sociale Précoce- pour sa rééducation, rendez-vous chez le médecin et à l'hôpital, etc.).

La solution d'une Pouponnière à la campagne à vingt-cinq minutes de chez moi, fut initialement proposée par l'équipe de l'hôpital. Pour moi, en tant que mère, j'avais l'impression d'abandonner ma fille, de la « sous-traiter » à des inconnus. Cette idée m'était insupportable mais, dans le même temps, l'autre solution de transformer complètement ma vie pour devenir maman-infirmière me faisait franchement peur. J'ai fini par accepter de confier Victoria à cette Pouponnière, à la seule condition que je puisse trouver de l'aide à temps partiel pour garder une activité professionnelle à mi-temps chez mon employeur de l'époque (où j'étais en CDI). Avec l'aide d'une voisine remarquable, infirmière, mère de cinq enfants qui était la Présidente du comité parents d'élèves FCPE dont j'étais alors membre à l'école de ma fille aînée, j'ai pu fonctionner de cette manière. Cette solution s'avérait parfois juste et après six mois, nous étions tous d'accord qu'il valait mieux pour Victoria qu'elle reste à la Pouponnière les jours où je travaillais. Elle était encore fragile, non souriante et vivant quotidiennement la souffrance.

La culpabilité qu'engendrait cette décision au fond de moi est restée, implacable, depuis cet événement douloureux de transfert. En fait, il s'agissait d'une double culpabilité : d'abord parce que j'étais la porteuse originelle du handicap de ma fille mais aussi parce que je n'avais pas été suffisamment à la hauteur pour m'occuper d'elle en permanence, malgré tout l'amour que je lui portais. J'avais du mal à vivre avec ce sentiment, même si je reste persuadée que c'était la seule décision que je pouvais prendre dans ces circonstances.

Pendant ce temps-là, que devenait ma grande fille Alice ? Bébé désiré, comme Victoria, née avec un caractère ouvert et sociable ainsi qu'une grande curiosité. C'est pour moi un véritable bonheur de pouvoir dire d'Alice a toujours été une fille passionnante à éduquer, avec un véritable don pour le visuel et le créatif (dessin, peinture, conception ...), gentille et sensible, mais avec un caractère bien défini, souvent autoritaire et exigeante, pleine de ressources d'imagination et, à dix ans, encore totalement inconsciente de sa beauté physique et du pouvoir que celle-ci implique.

Il m'est difficile de savoir exactement les sentiments que Victoria génère chez sa grande sœur, car ceux-ci sont souvent ambivalents. La frustration et la déception qu'Alice peut ressentir face aux incapacités et au manque d'une rassurante normalité chez sa petite sœur si différente, semblent être souvent compensées voire éclipsées, par la tendresse et les éclats de rire complices que Victoria lui provoque maintenant. Alice n'admet aucun abus verbal chez les autres envers sa petite sœur si spéciale, que ce soit dans la rue, à son école, lors des fêtes, ou chez ses amis. Elle est très protectrice et mature dans sa compréhension des besoins spécifiques de Victoria. Alice comprend déjà un grand nombre de choses de la vie, de la psychologie humaine que ses pairs au Collège ignorent totalement (les chanceux...) et je reste persuadée que cette compréhension lui sera utile dans la vie ; quoique douloureuse, son expérience particulière de « con-sœur » lui donnera des armes affectives et pragmatiques très précieuses. Plus petite, la jalousie était omniprésente de même qu'une certaine agressivité face à l'attention que réclamait Victoria de ses parents, mais son attitude évolue et à dix ans, Alice s'est déjà construit sa propre philosophie à ce sujet. De ce point de vue-là, c'est une jeune fille hors normes à travers la présence de sa petite sœur et tout ce que son existence provoque.

Au bout de dix-huit mois à la Pouponnière, sur la proposition d'un médecin pédiatre qui s'avérait être un homme remarquablement sensible et consciencieux, la question de l'avenir de Victoria se posa à nouveau. Encore une fois, les professionnels responsables de son bien être « médical » conseillèrent vivement un établissement pour enfants tout-petits pas très loin de la maison, réputé pour son équipe de rééducation notamment sur le plan de la kinésithérapie. Comme à la Pouponnière, je pouvais organiser librement pour Victoria des séjours à la maison. Je la prenais tous les week-ends ainsi que les mercredis et les jours de vacances. A nouveau, je me torturais l'esprit avec l'idée que je devrais la prendre en permanence à la maison. Victoria était dépendante d'une alimentation gavage par gastrostomie (un bouton-ouverture placé chirurgicalement au niveau de son ventre) ; elle ne parlait toujours pas ; elle ne marchait pas, et était incontinente. Cet ensemble de difficultés représentait une charge impressionnante et je me laissai encore convaincre qu'un établissement spécialisé représentait le meilleur compromis.

Quelque chose qu'on ne vous dit pas : par sa présence, Victoria m'apprit à ne plus regarder les drames de la vie de la même façon. Depuis son arrivée franchement périlleuse, chaque fois que je regarde un film ou que j'entends un sujet d'actualité sur un enfant malade ou mal traité, j'ai tout de suite des larmes qui me montent aux yeux. Paradoxalement, ou plutôt très logiquement, une autre chose que l'on apprend, c'est que vous n'avez plus aucune patience pour les autres lorsqu'ils se plaignent. Ceci est dur lorsqu'il s'agit d'un petit bobo chez la grande sœur encore toute jeune ; il m'est difficile de lui accorder toute la sympathie et la tendresse naturelle d'une mère, alors que l'on a vécu de si près un vrai combat pour la vie auprès de sa petite sœur si vulnérable. Régulièrement, je m'efforce de me rappeler que pour Alice, cette réaction de détresse est légitime et normale, et que je dois lui accorder toute l'attention digne d'une mère.

Je ne peux pas dire que la douleur de ma fille a été la cause de ma séparation avec le père de Victoria il y a trois ans maintenant ou, du moins, pas de façon directe. Ce que je retiens, néanmoins, c'est une divergence grandissante dans la communication entre mère et père notamment en ce qui concerne le bien être de notre petite fille. Il est indéniable que les relations difficiles dans mon couple ont été exacerbées par la présence du handicap au sein de notre famille.

C'est pendant ces premières années que j'essayais de développer tout naturellement une façon de parler à Victoria, quoiqu'en sens unique au début. Dès sa naissance, je lui ai toujours parlé comme à mon autre fille, si ce n'était plus lentement, clairement en utilisant des mots simples. Mon instinct était de lui parler d'abord en anglais, ma langue maternelle, comme je le faisais avec Alice. Cette action naturelle pour moi fut brusquement questionnée par un médecin à l'hôpital qui m'accusait de lui compliquer la vie. Je fus totalement bluffée par cette réaction à l'époque, car faire en tant que mère ce qui ne m'était pas spontané en matière de communication fondamentale me semblait, au contraire, un tort. Quoique complètement bilingue dans mon pays adoptif, choisi comme lieu de vie depuis 1990, j'étais tout de même plus à l'aise avec la langue anglaise.

Plus tard, et avec un certain recul, j'ai accepté que la communication chez Victoria soit suffisamment problématique pour ne pas lui parler deux langues quotidiennement en insistant sur une langue autre que celle utilisée par le personnel dans son établissement. Toujours est-il que, malgré sa déficience intellectuelle évidente, Victoria comprend bien des mots clés en anglais ainsi que des consignes simples. Ce qui est sûr, c'est que ma façon de lui parler le plus clairement possible et tout naturellement peut surprendre des personnes qui ne la connaissent pas bien, et qui ne voient qu'une petite fille qui émet des sons primaires.

Pourtant, ce respect que l'on lui accorde en lui parlant ainsi me paraît être une évidence et ne peut que l'aider à trouver sa place dans la communauté. L'orthophonie a joué un rôle primordial dans sa vie en établissement ; un « code /classeur» de pictogrammes de photos, de personnes et d'objets l'a beaucoup aidée à vouloir communiquer. Elle a trouvé des gestes pour exprimer le *oui* et le *non* (le non étant beaucoup plus lent à s'établir), et maintenant une nouvelle orthophoniste lui propose le Makaton, ce langage de signes, de gestes, de pictogrammes et de mots particulièrement bien adaptés à l'enfant sans parole ayant une déficience mentale. Il faudra bien entendu, que toute la famille la soutienne en apprenant également tous les signes pour approfondir la communication à la maison.

Le deuxième établissement spécialisé que Victoria a fréquenté, offrait une certaine souplesse en ce qui concerne les sorties et les visites ; j'ai ainsi réussi à concilier un travail à temps partiel qui alla jusqu'à un 4/5ème de temps et des présences régulières à la maison. Le Centre « mit le paquet » côté kinésithérapie pour citer leur intention au tout début ; et Victoria fit effectivement de grands progrès au niveau de sa mobilité. Petit à petit, elle se libérait de sa camisole de force qu'était sa dystonie et trouvait un plaisir réel à s'exprimer par son corps. Un moment marquant fut lorsque l'hôpital la déclara prête pour l'enlèvement de son bouton de gastrostomie. Tout ce qui resta de ce cauchemar fut une petite cicatrice au ventre, comme signe d'un mauvais rêve éphémère. Brusquement, Victoria apprit à prendre plaisir à se rouler partout, et à se mettre volontairement sur le ventre. Elle était comme une enfant libérée, épanouie et enfin réunie avec son corps.

Peu de temps après, l'idée d'un fauteuil roulant, plutôt qu'une poussette bébé adaptée, se profila. Plus tard, et petit à petit, j'arrivais à accepter l'idée que ce symbole de la différence physique, loin d'être un obstacle ou une prison pour elle, pouvait, au contraire, représenter une autonomie impressionnante pour une petite fille de cinq ans. Dommage cependant, que le jour où je découvris brusquement que ma fille serait destinée à dépendre d'un fauteuil roulant, dût être le jour de la fête de fin d'année de l'établissement. Personne dans l'équipe n'avait pensé à me prévenir et me préparer à l'idée de ce fauteuil. Ce fut un choc pour moi de voir Victoria ainsi... Plus tard, nous prîmes du plaisir avec elle en choisissant à partir d'un catalogue et avec l'aide d'un excellent représentant, lui-même handicapé moteur, un superbe petit fauteuil allemand tout rouge (couleur choisie par Victoria !). Son petit sac bien coordonné pour les couleurs était accroché à l'arrière portant son code de communication. A partir de ce jour, elle montra une grande fierté à se promener, d'abord accompagnée, puis petit à petit toute seule.

Les choses se compliquaient au fur et à mesure que nous abordions la suite de l'éducation spéciale de Victoria. Nous étions vivement encouragés à faire des démarches auprès des instances (à l'époque, la CDES – Commission Départementale de l'Education Spéciale). Ces démarches préliminaires s'avérèrent être le début d'un véritable cauchemar administratif et humain pour nous les parents, chacun dans notre coin, et avec des souhaits parfois désespérément différents. La recherche d'un nouvel établissement pour Victoria dura deux ans. Les derniers mois dans son établissement de tout-petits firent apparaître une nette détérioration dans nos relations avec les professionnels. Victoria était délaissée, elle n'avait plus sa place du fait de son âge ; la direction voulait que l'on « dégage » ; Victoria tournait en rond dans son fauteuil roulant dans les couloirs du Centre, sans véritable proposition de programme. Entre-temps, nous les parents, perdions tout espoir de trouver un établissement tout court, sans parler d'un établissement bien adapté et accueillant ; et ceci malgré une vingtaine de visites et des dizaines de coups de téléphone, recherches Internet...

que l'on a effectués souvent sur mon temps de travail, pendant deux ans.

Il y avait des déceptions, parfois poignantes, où je me demandais si je n'avais pas suffisamment bien présenté ma fille, et pourquoi elle ne « méritait » pas une place. Je me souviens notamment d'un Directeur qui, après deux visites et stages de Victoria dans son bel établissement, se réjouissait pour elle prévoyant et garantissant une place; l'accord de la Commission pour déterminer son admission n'étant qu'un « détail ». J'ai reçu une lettre du même Directeur quelques trois semaines plus tard alors que je m'étais préparée à l'admission, m'annonçant que Victoria n'était pas acceptée. Malgré mes demandes directes au Directeur et à son personnel, je n'ai jamais compris pourquoi les choses s'étaient décidées ainsi.

Le « nadir »[78] de cette époque fut sans doute le jour où, ayant reçu notification de maints refus, l'établissement qui accueillait Victoria nous posa un ultimatum et dans le même temps nous proposa comme un dernier recours un centre de rééducation dans le sud de la France, à plus de 500 km de Paris. Désespérée, je me suis mobilisée en écrivant mails et courriers au Maire de ma commune, au Conseil général, aux Ministres concernés et finalement, même au Président Chirac dont la noble Loi du 11 février 2005 n'avait pu nous aider à trouver une solution. Forts des réponses (étonnant mais vrai !), de tous ces hommes politiques, et appuyés par les efforts d'un chef de cabinet du Maire très volontaire, nous appelâmes au secours la CDES (transformée en CDA de la Maison Départementale pour des Personnes Handicapées). Cette nouvelle administration fut encore hélas la source d'une grande frustration et désespoir, car leurs seules recommandations d'orientation étaient souvent inappropriées et mal étudiées. De plus, le personnel nous informa qu'il lui restait plus de 2000 dossiers à traiter et que le nôtre était donc

[78] i.e. « point le plus bas »...

loin d'être prioritaire. Individuellement, nous pouvions franchement sympathiser avec ces employés plutôt sensibles à nos demandes mais collectivement, c'était tout simplement le bazar. Les employés eux-mêmes ne savaient pas à quel établissement il fallait s'adresser (CDES ou MDPH ?). La confusion régnait. A cette époque, c'était comme s'ils baissaient les bras. J'ai fini par menacer de ne plus bouger de leurs bureaux et de mobiliser les associations concernées de ma région (choses que j'étais véritablement prête à faire car j'avais du soutien autour de moi). Néanmoins, je commençais à craindre de perdre mon travail si ces actions continuaient. Des mails très désagréables couraient entre le Directeur de la MPDH et nous, la famille.

Et puis à la dernière heure, juste au moment où plus rien n'allait, une « solution » se présenta : un établissement pour enfants polyhandicapés, loin de la maison, presque en Normandie, dans de nouveaux locaux bien adaptés, lumineux et très modernes, à la campagne. Je m'interrogeais beaucoup sur la définition d'un enfant « polyhandicapé ». Ce placement me choquait dans la mesure où Victoria ne me semblait pas avoir le même profil que la grande majorité des enfants dans l'annexe dite « 24 ter ». La Direction qui estimait que Victoria était très « dynamique » pensait qu'elle trouverait sa place dans leur établissement. Le personnel et le lieu attractif nous plaisaient beaucoup mais la distance entre ma fille et moi me terrorisait. J'avais peur aussi que Victoria soit « tirée vers le bas », entourée d'enfants qui, pour la plupart, présentaient des handicaps bien plus lourds que les siens.

Il s'agit d'une forme de « racisme » ; du grand dilemme de l'éducation d'enfants tous dits « handicapés » ou en situation de handicap mais avec des besoins souvent dramatiquement différents et presque irréconciliables. Ayant dans un premier temps emmené Victoria, pleine d'espoir, dans des établissements de type « IEM», où il y avait généralement plus de stimulations et d'activités, j'ai ensuite, après de nombreux rejets, élargi le tableau en essayant auprès d'établissements plutôt conçus pour des enfants avec une déficience intellectuelle ou avec des handicaps plus lourds (enfants polyhandicapés) avec peu d'autonomie. Dans chaque cas, Victoria ne rentrait pas complètement dans le « moule ». Avec sa maladie rare, ses besoins médicaux, sa non-mobilité, son manque de parole, et malgré son dynamisme en fauteuil et sa capacité de communication par les gestes, Victoria était tout simplement inclassable. Le système de classification du handicap employé par la MDPH ne reconnaît pas des enfants qui chevauchent les trois catégories, ou *annexes* (« 24, 24 bis et 24 ter »). Tout comme beaucoup d'enfants de ce type de profil complexe, dont les parents se sont plaint à nous de la même façon. C'était une situation à s'arracher les cheveux d'autant plus que, en plein divorce, moins que jamais, je ne pouvais imaginer la possibilité de m'arrêter de travailler pour me consacrer à ma fille.

Je pourrais parler des Professionnels et des Parents... Une relation compliquée et parfois tendue face à laquelle on est forcément partisan et donc incapable de brosser un portrait objectif. Eh bien, vous allez lire ma version, celle d'un parent. Il est nécessairement difficile de confier son enfant à des professionnels. En tant que parent, on connaît et on aime mieux que n'importe qui au monde son enfant. Même lorsque la vie fait que l'on a des obstacles pour le garder et l'éduquer de façon normale dans son environnement naturel qui est son « chez-lui », il est évident que *Mummy knows best.* Pourtant, les professionnels (éducateurs, kinés, infirmières, ...) savent d'office qu'ils sont les *Experts* lorsqu'il s'agit de votre enfant handicapé. Il est donc évident qu'il y aura des clashs de temps en temps.

Pour une mère, malgré toute l'admiration et la gratitude qu'elle peut avoir pour ces « gardiens » de son enfant dans des circonstances qu'elle ne maîtrise pas complètement elle-même, il est parfois difficile de voir à quel point le personnel proche de son enfant peut se l'*approprier*. Il y a peu de temps, de retour des vacances familiales, une éducatrice plutôt chaleureuse et maternelle prit ma fille dans ses bras, la couvrit de bisous certainement bien intentionnés, et s'exclama que Victoria avait « retrouvé son monde ! ». Il y eut un long silence face aux autres personnes présentes, silence que je me sentis obligée de briser en crachant ma réponse : « C'est UN de ses mondes. L'autre monde, c'est *chez elle*...» Je pense que le message était transmis et elle me rendit ma fille, un peu gênée. C'était passager mais très parlant. Peut être voulait-elle dire autre chose ? En tous cas, ceci démontre bien un des dilemmes de la vie en collectivité : des professionnels perçus comme envahissants, des parents perçus comme susceptibles. Toujours est-il que je mis longtemps à me remettre de cet incident. J'en rêvais même.

Mais parlons du plaisir du partenariat lorsque cela fonctionne bien entre parents et professionnels. J'ai eu l'occasion de travailler, souvent à distance, par téléphone, mail et par carnet de transmission, avec certains spécialistes, notamment avec des orthophonistes, sur des projets de Victoria. Quelques exemples : élaboration d'un code de communication avec photos et images ; sélection et enregistrement d'extraits de musique et de jeux vidéos ou DVD préférés ; recherche d'aides techniques orientées par des kinésithérapeutes ; un album photo de famille ; aide à l'empêchement de bavage par la cryothérapie ; exercices de déglutition ; et plus récemment, un plan de communication comprenant le langage de signes «Makaton». Le plaisir d'établir des relations positives et constructives entre domicile et établissement est toujours énorme pour moi et ceci aide à construire des ponts d'échanges me permettant de m'impliquer davantage à la vie de ma fille, même à distance, au plus grand bénéfice de Victoria.

Une hantise qui me poursuit, cependant, c'est l'idée que mon enfant pourrait devenir victime un jour de maltraitance, sexuelle ou autre. C'est une angoisse permanente chez la mère aimante qui ne peut pas accueillir son enfant de façon permanente. De nombreux témoignages, souvent mal accueillis par le corps médical, montre que ce phénomène social sordide existe bien dans des établissements pour enfants handicapés et dans mes pires pensées j'ai du mal à imaginer comment une petite fille sans parole pourrait communiquer un acte de maltraitance à sa mère si besoin était. Je n'ai évidemment aucune raison de me méfier de qui que ce soit dans les établissements où Victoria a habité ces dernières années. Toutefois, cette possibilité reste une horreur à laquelle je pense et dont je cauchemarde depuis qu'elle est bébé, et je reste vigilante face à son extrême vulnérabilité.

Je suis plus claire maintenant en ce qui concerne l'avenir tel que je le conçois pour Victoria. A huit ans, Victoria montre la volonté de marcher et laisse espérer qu'elle aura un degré de mobilité plus tard dans sa vie, même si ceci risque d'intégrer également un fauteuil roulant électrique lui donnant une forme différente d'autonomie. Son entourage affirme que c'est une fillette expressive malgré son manque de paroles, de par ses gestes et ses sons. Victoria a une capacité pour le bonheur à la fois palpable et touchante. Depuis un an, elle sait utiliser les toilettes dans ses différents lieux de vie même si elle n'est pas très fiable encore au niveau de l'avertissement aux autres pour que l'on y emmène.

Mon regard de mère envers Victoria a naturellement évolué. Du souci de la survie du côté médical, à travers sa volonté de s'épanouir, de son désir d'aller jusqu'au bout de sa capacité, j'arrive à la regarder d'un œil fier, encore anxieux certes (Victoria ne pèse que 16 kilos à 8 ans), mais aussi plein d'espoir. Ses éclats de rire, son sourire contagieux, sa petite personnalité si attachante et déterminée, tout me laisse croire maintenant que Victoria réussira l'essentiel de ce qu'elle se donnera comme buts dans sa vie. Et j'estime que cela suffira pour qu'elle arrive, malgré toute sa différence, à un niveau de plénitude humaine non négligeable.

En revanche, qui sera responsable de Victoria après ma disparition éventuellement prématurée ? C'est une question terrifiante car honnêtement, je n'en ai toujours pas la moindre idée, et le niveau de dépendance de Victoria envers moi et envers une collectivité est très important. J'ai tenté à plusieurs reprises de faire mon testament à ce sujet et chaque fois, je tombe dans le vide. Mes parents et ma sœur (mère de deux jeunes enfants) à Londres, en qui j'ai une confiance totale, sont à la fois ouverts et aimants et se sont avérés formidables dans leur soutien et leur tolérance sans réserve, sans complexe pour Victoria. Cependant, il est hors de question qu'ils puissent s'en charger pour des raisons d'âge, de disponibilité et de distance. Il serait impensable d'extraire Victoria de son pays, sa première langue, toutes ses habitudes. Quant aux amis et aux parrains, je sais qu'il en est aussi hors de question. La responsabilité est trop imposante, surtout pour ceux qui ont déjà la responsabilité de leurs propres enfants. Cette pensée me déchire chaque fois que je me permets d'y réfléchir, car la nécessité d'une tutelle fiable s'imposera un jour…

Pour revenir à des perspectives plus joyeuses, mon vrai désir, c'est que Victoria puisse venir vivre à la maison, et que nous arrivions à lui trouver un établissement en externat capable de s'adapter à ses besoins, et non l'inverse. Mon établissement idéal serait proche de la maison avec un système de transport efficace ; il proposerait un projet individualisé stimulant, correspondant véritablement à ses besoins et serait capable d'assurer des périodes de répit à la famille, avec le personnel nécessaire pour que cela se réalise…. Croyez-vous que cet établissement idéal existe ? Je tiens à rester dans cette perspective pour l'avenir à moyen terme, sachant qu'une nouvelle école spécialisée est en projet dans mon département en région parisienne qui semblerait remplir ces critères. Affaire à suivre…

D'une façon plus globale, je reste prudente mais optimiste en ce qui concerne l'avenir des enfants qui ressemblent à Victoria. Il est difficile d'imaginer le destin de tous ces enfants, mais une chose est sûre : Victoria est en train de gagner petit à petit une forme d'autonomie ainsi qu'une véritable qualité de vie. Des avancées sociales et médicales, confirmées par de nouvelles mesures clés telles que la dernière Loi de 2005 sur le handicap, créent de réelles opportunités pour des enfants comme Victoria. Toutes ces évolutions doivent pouvoir permettre aux familles d'affronter l'avenir les yeux ouverts.

Rien ne vaut la vie

Agnès Bourdon[79]

Je suis heureuse de participer à cette réflexion aujourd'hui. A travers ma propre expérience, je vais vous faire part de ma réflexion sur handicap et maternité.
D'abord en tant que femme.
Mon parcours personnel et la maladie m'ont amenée à beaucoup réfléchir sur la condition de la femme en situation de handicap et sa maternité. Suite à une première maternité difficile et à un accouchement complexe, je me suis entendue dire par un médecin femme : essayez une nouvelle maternité, et vous allez droit à la mort !
N'était-ce pas violent ?
Ce médecin en fait m'a convaincue de lui prouver le contraire.
Plutôt que d'interdire, il vaut mieux expliquer. Avoir le temps d'être entendue, mais aussi avoir le temps d'expliquer ce qu'une maternité entraîne.
Bien poser les aménagements nécessaires, tant sur le traitement que sur la vie socioprofessionnelle. Parler de l'après, la fatigue accumulée, les contraintes physiques provoquées par le poids de l'enfant, etc.
C'est nécessaire pour éviter sa propre culpabilité face à des difficultés qu'on aurait pu éviter.
Pour l'exercice de la parentalité, il faut aussi réfléchir aux besoins. C'est pourquoi, au terme de plusieurs réflexions, il m'a semblé important d'évaluer les besoins en fonction des

---

[79] Agnès Bourdon est infirmière, elle a été puéricultrice. Elle a beaucoup travaillé dans les services de réanimation infantile en neuro-pédiatrie. Elle a été coordinatrice de centre de soins pour la mucoviscidose. Elle s'est toujours battue pour le retour à domicile d'enfants présentant des pathologies lourdes.
Elle est maman de quatre enfants, de 16 à 8 ans. Elle a une maladie génétique.

différents âges de la vie. Il faudra se projeter et aider la maman à se projeter.
Bien évidemment, cette démarche sera toujours faite pour former une prestation de compensation prenant en compte le projet de vie.
Pour ma part, c'est au cours de ma troisième grossesse que les difficultés sont apparues, mais j'ai bénéficié d'une écoute de la part de mon obstétricien.
C'est véritablement accompagnée que j'ai pu mener cette grossesse, bénéficiant d'aides humaines, ainsi qu'au cours de la première année de vie de mon fils.
Quand le quatrième s'est annoncé, avec surprise de notre part, je me suis adressée au même obstétricien.
Il est évident que les maternités ont eu un impact sur ma santé, mais je ne regrette rien.
Le choix d'avoir un ou des enfants est l'histoire d'un couple, d'une rencontre, ce n'est pas au corps médical ni à la famille de s'approprier ce choix.
Bien entendu, il est important d'être accompagné par une équipe médicale.
Pour ma part, le diagnostic d'une transmission génétique n'a été fait qu'à la naissance de mon quatrième, mais nous savons que cela n'aurait rien changé sur le choix de les garder ou non si le diagnostic prénatal avait pu être posé. Mais cela tient à la spécificité de ma maladie qui peut être très atténuée par des aides techniques et sa prise en charge dès sa découverte.
Nous avions beaucoup réfléchi sur ce que nous étions capables d'assumer ou non comme types de handicap. C'est pourquoi j'ai eu beaucoup de mal à accepter les remarques de mon entourage lors de ma deuxième grossesse. Des réflexions du genre : Tu ne te rends pas compte ! Qui va s'en occuper ?
Nous n'avons pas été aidés. C'était plutôt la politique de l'autruche : vous les avez voulus, alors débrouillez-vous ! C'est peut-être aussi parce que nous avons acquis une

certaine indépendance face à des jugements de valeur. Il y aurait bien des comportements à faire changer.
Il y aurait beaucoup à dire sur les regards de la société.
Mais c'est en m'investissant dans la crèche, l'école, le collège, etc., que les tabous et les incompréhensions sont tombés.
Quoi de plus beau que d'entendre son fils de dix ans dire : moi, j'ai vraiment la chance d'avoir une maman handicapée, car elle fait plein de choses

Parler du choix de poursuivre ou non une grossesse quand on a la connaissance d'un handicap, c'est toujours l'histoire d'un couple, d'un homme, d'une femme.
L'annonce du handicap va conditionner la compréhension des parents face au handicap.
Je voudrais vous faire fart de mes réflexions que j'ai tirées de mon expérience professionnelle, confrontée à l'annonce du diagnostic prénatal dans les pathologies lourdes. Il est essentiel de prendre le temps, de ne pas être seul avec les parents. Il faut toujours être deux pour annoncer un handicap : un médecin et une infirmière, avec une sage-femme, une psychologue.
Il est essentiel que les parents puissent formuler leurs questions à deux personnes d'identité professionnelle différente.
Après le diagnostic, voilà l'heure du projet de vie. Il faudra construire sa route avec le handicap.
Mais ce n'est que bien informés que les parents peuvent prendre une décision sereine. Il est important que cette annonce soit mise en relation avec tout le reste. Pour que les parents puissent évaluer l'impact du handicap sur la cellule familiale.
On ne peut jamais soupçonner ce dont on est capable. Chaque histoire est singulière, et un même handicap n'a pas les mêmes conséquences dans une famille ou dans une autre.

Si j'ai conservé mes maternités malgré mon handicap, ce n'est pas toujours le cas pour d'autres. Il faut penser à l'enfant à naître et à la famille.
Par exemple, un couple de sportifs attendait un enfant pour lequel on avait diagnostiqué de graves malformations des membres inférieurs. C'était insurmontable pour cette famille qui vivait dans la compétition sportive. C'est après beaucoup d'échanges qu'ils ont fait le choix d'une IVG.
Après cet événement douloureux, une longue réflexion, un an d'attente, le projet familial s'est reconstruit et trois autres enfants sont nés. Ils n'ont pas oublié cet enfant qui devait venir mais ils ont construit une autre famille.
Je ne porte jamais de jugement.
Pour d'autres, ce type de handicap ne serait pas un obstacle.
Je pense qu'aucune situation n'est transposable.
Je voudrais qu'on parle de la mère qui va s'engager dans une situation singulière. Maternité et handicap, c'est le choix d'une vie et de la vie.
Me concernant, je dirais que malgré la maladie, rien ne vaut la vie !

Mais que fait la justice ?!

Fabienne Levasseur[80]

Infirme Motrice Cérébrale (IMC), âgée de 31 ans, je commence, aujourd'hui, à me poser la question de l'enfantement.

Je me suis, effectivement, longtemps demandé quel serait mon droit de faire porter, voire supporter à un enfant qui, après tout, comme sa future mère en son temps, n'avait pas demandé à être porteur de sa propre singularité : être enfant de parente handicapée ?

Que de rationalisme (pour une juriste, avouez que tout ceci reste banal à pleurer…)

Les existences rectilignes, si toutefois la mienne l'a jamais été de par mon handicap, voient toujours leur trajectoire déviée par ce que nos *chers amis* les médecins appellent dans leur jargon *des évènements indésirables…*

Mal marchante, les déviances de trajectoires ne m'ont jamais effrayée…

C'est ainsi qu'en juin 2005, je m'installe avec mon compagnon actuel. Une de mes autres théories fumantes voulait que je ne forme jamais de couple avec une autre personne handicapée. Or, ledit compagnon est également en situation de handicap moteur inné…

Nous nous installons ensemble le 10 juillet 2005. Prenant nos marques pour la gestion de notre quotidien (service de tierces personnes…) nous contracterons un PACS le 23 septembre. En attendant, nous décidons de partir en vacances, en amoureux, à Rome. Au retour, début septembre, nous prenons rendez-vous, à Necker pour une consultation en

[80] Fabienne Levasseur se définit elle-même comme *juriste, publiciste, rationaliste et… infirme moteur cérébral.*

conseil génétique avec un généticien au doux prénom de Stanislas…
Deux fondamentaux s'étaient donc écroulés. Je formais un couple avec un homme porteur de sa propre singularité, et voilà que l'idée d'enfantement cheminait…
En gros, j'étais banalement amoureuse de lui et inversement, mais pas forcément de nos pathologies respectives… Il fallait donc s'assurer et/ou se rassurer sur la compatibilité de nos handicaps. Le diagnostic, après consultation génétique à l'hôpital Necker, veut que mon type d'IMC ne soit pas génétique et qu'il y ait 4% de malchance pour que notre enfant soit atteint de la pathologie de mon compagnon.
Bref, au-delà des précautions d'usage, comme pour toute future mère, certes avec nos singularités, me et nous aiderait à mettre au monde un enfant valide, ce qui reste un défi pour moi… Le 15 octobre 2005, à la sortie de cette consultation, aussi attendue que redoutée, le brillant généticien, au même prénom qu'Alain Chabat dans *Chouchou*, ce qui m'a donné bien du fil à retordre pour garder mon sérieux, venait donc de m'annoncer, mine de rien, comme de nous annoncer à tous les deux, que nous serions parfaitement capables de mettre au monde un enfant en pleine santé, le moment venu et voulu…
Les yeux de mes lecteurs ont pu être choqués par l'usage du terme *malchance*.
En effet, je sais ne pas avoir le courage, la patience et le sens du sacrifice dont mes parents ont pu faire preuve pour risquer de renouveler l'expérience… Ainsi, la science pourra-t-elle, un jour, faire de nous les heureux parents d'un enfant sain (en bonne santé)… Pour ce faire, nous ferons appel à une FIV (fécondation in vitro). Je ne vous cacherai pas plus longtemps que mon rationalisme légendaire se voit rassuré de pouvoir choisir le moment propice, même si certains nous renverront, peut-être, l'argument d'un certain manque de magie…
C'est pour quand ?, me direz-vous … Selon le même principe que celui de l'œuf et de la poule, je laisse à votre réflexion deux questions en suspens :

Faut-il prendre le risque d'attendre un enfant dans un 30 m2 pour avoir un logement plus grand ?
A l'inverse : Attendre d'abord d'obtenir un logement décent ?
Effectivement, alors que le droit à disposer d'un logement décent est un droit fondamental et constitutionnel, depuis un arrêt du Conseil d'Etat daté de plus de 15 ans, nous sommes freinés dans notre projet, par une situation de mal-logement, sans réponse depuis 5 ans...
30 m2 pour une personne en fauteuil roulant et une mal marchante ne pouvant avoir l'usage de son propre fauteuil, par manque de place, si ce n'est pas du mal-logement, qu'est-ce donc ?
Juriste, publiciste, rationaliste, me et nous voilà victimes de la non application d'un droit constitutionnel fondamental, comme la plupart de nos concitoyens.
Tout processus d'insémination est *simplement* freiné par nos conditions de logement, mes parents semblant tout à fait prêts à pouponner, voire inquiets que ce ne soit pas déjà fait...

Mais que fait la Justice ?!

Table des matières

Association « Femmes pour le dire, Femmes pour agir »

16 rue Emile Duclaux, 75015 Paris

Téléphone : 01 45 66 63 97 Fax : 01 43 06 25 22

fdfa.asso@free.fr

www.femmespourledire.asso.fr

Déjà parus aux Editions L'Harmattan :

Femmes handicapées citoyennes, *Actes du colloque de FDFA le 25 novembre 2003.*

Femmes handicapées : la vie devant elles, *Actes du colloque de FDFA le 16 novembre 2005.*

Maudy Piot : *Mes yeux s'en sont allés – Variations sur le thème des perdant la vue, 2004.*

Achevé d'imprimer par Corlet Numérique - 14110 Condé-sur-Noireau
N° d'Imprimeur : 45508 - Dépôt légal : novembre 2007 - *Imprimé en France*